見る+読む=わかる イラスト六法

わかりやすい相続

弁護士 吉田杉明 著
山川直人 絵

自由国民社

はじめに

相続問題は身内のことであるがゆえに、デリケートな問題を抱えています。紛争に至るのは、日頃の相続人間の感情の対立が相続問題を機に噴出したケースが多いようです。例えば、親（被相続人）の面倒を見ていた相続人にとっては相続分は多くて当り前といった感情がありますし、他の相続人にしてみれば今は均分相続の時代だから当然貰えるものは貰いたいという気持があります。そして、そういった感情の対立は相続人の配偶者まで巻き込んで複雑化していきます。

このように、相続事件は一歩間違えば身内間の醜い争い、まさに「争続」となってしまいます。これを防ぐ方法があるかと言えば、相続財産を譲る人がしっかりした遺言により財産の分配を明確にしておくことが大切です（後述の「遺言書作成のすすめ」を参照してください）。遺言書がない場合でも相続人同士が冷静に話し合うことです。意外に本音の部分で冷静に話し合えば、元々身内なのですから、解決の糸口がつかめるものです。

しかし、紛争を残さないように遺言を書くにしろ、冷静に話し合うにしろ、相続における基礎的知識を理解しておくことが必要と思います。

本書は、基礎的な知識の理解のため企画・出版されたものです。本書はイラスト部分だけでも分かる仕組みになっており、法律に不慣れな方にとっても分かり易くなったものと思います。本書を紛争予防にあるいは紛争解決に

お役立ていただければ幸いです。

本書は、これまで課題となっていた点についての最新の相続法の改正点についてもふれております。

なお、本書出版にあたり、イラストを担当していただいた山川直人氏、原稿の整理・リライト等で協力していただいた自由国民社法律書編集部の方々のご苦労にも感謝いたします。

［遺言書作成のすすめ］

自分の子に限って争いはないと思うかもしれませんが、そうとばかりは言えません。自分の子らが争わないためにも遺言書を作成すべきです。それも、どの財産を誰に相続させるかという法的拘束力のある内容だけを書くのではなく、「このような遺言書を書くのはどうしてなのか」も書くべきです。遺言書は、文章を書くのが苦手でも文章の原案を他人に任せるのでなく自筆で書くことです。

死亡後、相続人らが、その遺言書を読んで「そういうこともあったのか、父（母）はそこまで考えていたのか」と相続人が肌で感じ、理解し、納得し、争いは減るものです（筆者の実感です）。

令和二年五月吉日

著者　吉田　杉明

目次

遺言

第五章　相続税と節税の研究

巻末資料

※本書に掲載している申立書式はサンプルです。地方により様式が異なる場合がありますので、詳しくは最寄りの裁判所へお問い合わせ下さい。

◎改正で新しくなった相続法の重要ポイント（概要）

① 亡くなった人（被相続人）の配偶者が自宅に住み続けるための居住権を創設

配偶者居住権は、被相続人と同居していた配偶者（妻または夫）が相続に際してその家の所有権を得ないときでも、かわりに居住権を得ておくことで、自分の生存中はそのまま無料でその家に住み続けられるという権利です。

たとえば相続が生じたあとの遺産分割で、配偶者は被相続人と暮らしてきた家と土地の所有権を共同相続人である子に譲るかわりに、その家についての居住権を設定してもらいます。

そうすると、住み慣れた自宅に住み続けられるばかりか、居住権は所有権より安いので、自らの法定相続分（配偶者は2分の1）の範囲内で現金をも相続する余裕が生まれます。その現金を受け取って老後資金を手元に残せるといった効用が期待できます。

配偶者居住権の設定は遺産分割によるほか、あらかじめ被相続人が遺言で指示しておいてもよいのです。

＊民法1028条、2020年4月1日施行

→79ページ

② 遺留分の侵害となる生前贈与を、被相続人死亡＝相続開始の前10年以内に限定

相続人に保障されている遺留分（被相続人の意向によっても侵せない最低限の相続分）の額は、相続開始時に存在する遺産に加えて被相続人の生前に贈与された一定範囲の財産も加えた額をベースに計算されます。相続人となる者への生前贈与（特別受益）については、これまで何十年前の贈与であってもその金額を元に戻して遺留分額計算のベースとしていたのですが、改正により相続開始前の10年間にしたものに限ることとされました（相続人以外への贈与は相続開始前1年以内に限る点は変わらず）。

なお、侵害された遺留分を取り戻す請求は、改正前には「遺留分減殺請求」と呼ばれ、対象が不動産や株式などだと、侵害額に相当する部分について侵害した側との共有状態を生じ、複雑な権利関係となってしまうものでした。改正により、遺留分の回復は相手方への金銭支払い請求によってのみすることができることとされました（**遺留分侵害額請求権**）。

＊民法1044条・1046条、2019年7月1日施行

→82ページ

▼①について

・配偶者居住権は配偶者の死亡により消滅します。生存中、他に譲渡することはできません。

・遺産分割で他の相続人が配偶者居住権を認めてくれない場合、配偶者は家庭裁判所へ審判を申し立てることができます。家裁は諸事情をみて判断するので、場合によっては配偶者の希望がかなわないこともあります。

③ 被相続人の介護に尽くすなどした相続人以外の親族に特別寄与料の請求を認めた

相続人以外の親族——たとえば子の妻や被相続人の妹などがいくら献身的に被相続人の介護をしたとしても、相続人ではない以上、その相続において寄与分を受け取ることはできません。ただし、それらの**特別寄与者**は、相続の開始後、相続人に対して**特別寄与料**という名のお金の支払いを請求できることになりました。

特別寄与料の請求をするには、その「寄与」が、親族ならば当然といったレベルを超えた特別なものと認められる必要があります。

＊民法１０５０条、２０１９年7月1日施行。
→49ページ

④ 自筆証書遺言を作成する要件が緩和され、財産目録は自書しなくてもよくなった

自筆証書遺言を作成するには、遺言者がその全文を自筆で書き、日付と署名も自筆で入れて、押印しなければなりません。

さらに遺産の内容がわかるよう財産目録を付す場合も、すべて自書することを求められていましたが、改正により財産目録についてはパソコン入力、預金通帳や登記簿のコピーの添付、あるいは他人による代筆でもよいこととされました。

ただし、その目録のすべてのページに遺言者が署名・押印することは必要です。

＊民法９６８条、２０１９年1月13日施行
→90ページ

⑤ 自筆証書遺言を法務局に保管し、遺族が証明書の交付を受けられる制度が作られた

自筆証書遺言は公正証書遺言と違って安全な保管が難しく、改変や隠匿、あるいは遺族が気づかないままになる心配もありました。

その問題解消のため、法務局（**遺言書保管所**）での遺言書保管制度が作られました。遺言者からの申請により遺言書を電子ファイルとして保管し、相続が生じたあとは相続人等がその遺言ファイルに記載されている事項の証明書面（**遺言書情報証明書**）の交付を受けられます。

また、遺言書が保管されているかどうかを全国どこの遺言書保管所でも検索することができるので、遺言書が未発見になる心配も減らせます。

＊「法務局における遺言書の保管等に関する法律」、２０２０年7月10日施行
→89・91ページ

▼③について

・特別寄与料の金額は、相続人の寄与分の額を決めるのと同じで、まずは相続人同士の協議によります。まとまらないときは家庭裁判所に協議に代わる処分の申立てができますが、特別寄与者が相続の開始および相続人を知ったときから6か月（知らなくても相続開始のときから1年）までの期間限定です。

▼⑤について

・法務局での遺言書保管制度を利用した場合、公正証書遺言と同じく家庭裁判所での検認手続きが不要となる点が大きなメリットです。

序章・相続問題の基礎知識

被相続人
※死亡して財産を遺した人を「被相続人」、財産を継承する人（たち）を「相続人」といいます。
相続人

1. 相続とは何か

実は、うちの親父ここんとこ体の調子悪くて寝たきりなんだひょっとするとひょっとするかもしれない…
そりゃ心配だなあ
親父も心配だけど万が一の場合相続のことがな…
おまえ、去年親父さん亡くして相続したんだろ？
いろいろ教えてくれよ
まあ
わかる範囲なら…
相続って
何を相続するのか知ってるか？
土地や家屋など不動産…
貴金属や自動車はもちろん現金、株券とか…
株
10000
相続っていうのは被相続人（亡くなった人）の財産上の地位を相続人が受け継ぐことなんだ
相
財産上の地位
続
被相続人の残した借金のようなマイナス財産も相続することになるんだよ。
げっ
すまん…
借金
裁判上の損害賠償請求権や損害賠償責任も相続することになります。
詳しくは左ページで…

●何を相続するか

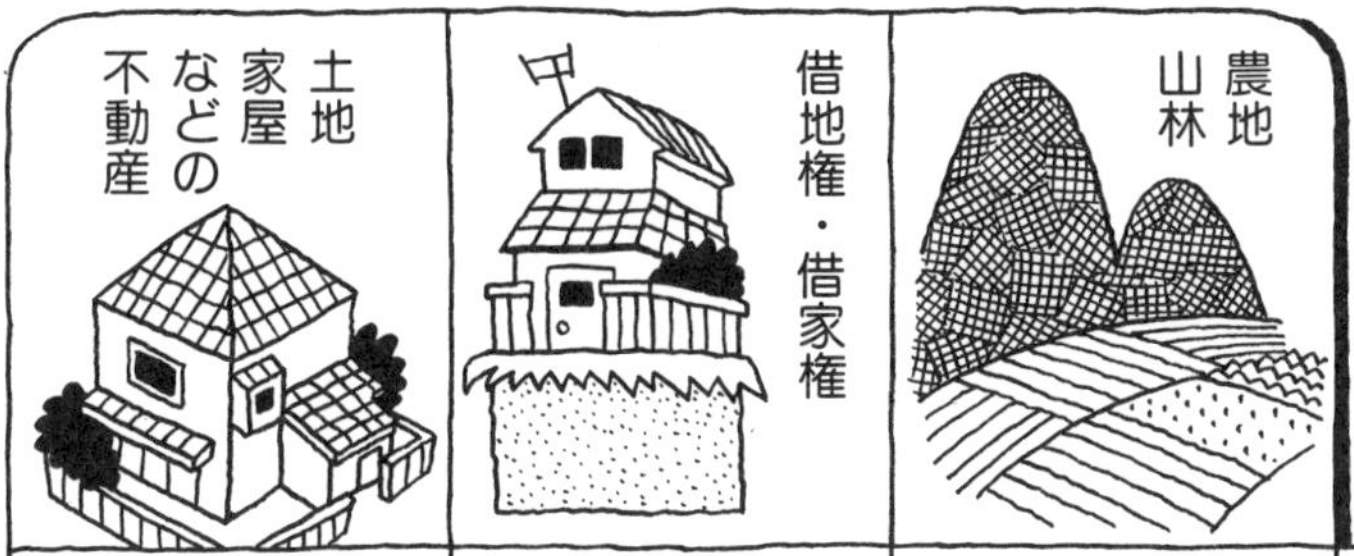

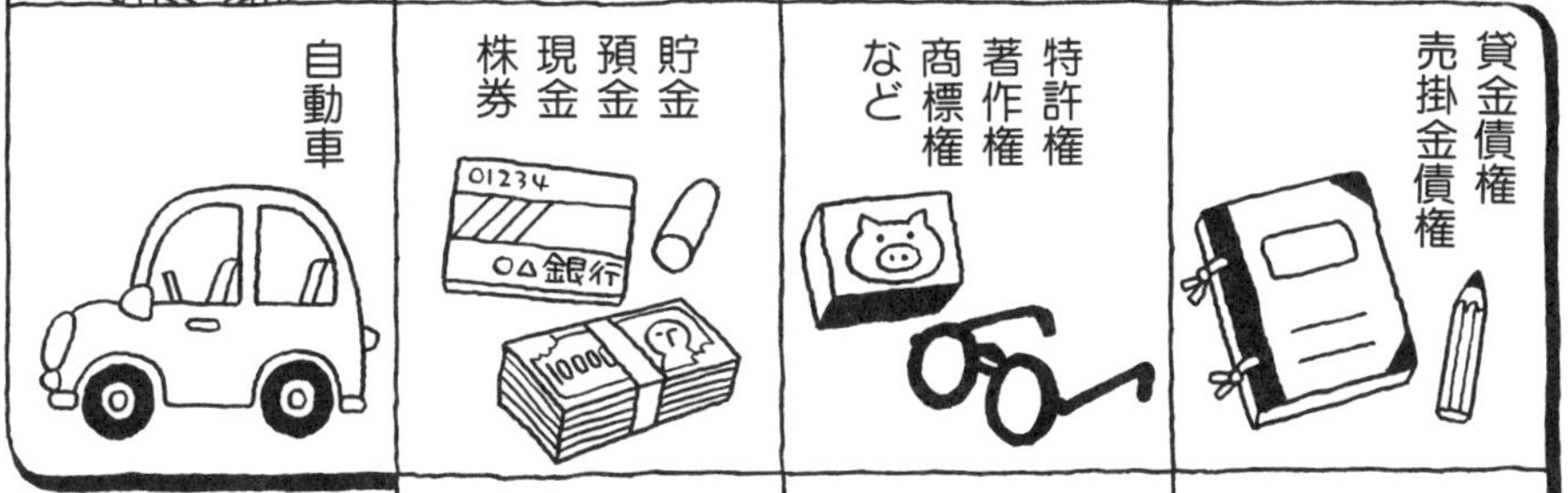

※借金や損害賠償責任などのマイナス財産が大きい場合は、相続放棄や限定承認を申立てることもできます（16ページ参照）。

※扶養請求権のような一身専属権は、相続の対象にはなりません。

Q 生命保険金は相続財産なのか

保険契約者（保険をかけて掛金を払う人）が家族の誰かを受取人として指定した場合、保険金はあくまで指定された受取人固有のものであって、遺産分割にかけるべき相続財産とはなりません。

ただ、一人だけ大きな額をもらって不公平が過ぎるというときは、保険金受取人の受け取れる額を相続の方で減らしてバランスを取るべしとした判例もあります（最高裁・平成16年10月29日）。

なお、保険金の受取人が亡くなったときは、その保険金受給権がその人の相続人に相続されます。

相続税の計算では、受け取った生命保険金は「みなし相続財産」として相続をした扱いとなります（500万円×法定相続人の数の控除あり）。

2. 相続はどんなときに開始するか

相続が開始するのは死亡したときだけじゃないんだぜ
えっ
どういうこと!?
裁判所から失踪宣告を受けた人は死亡したものとみなされ、相続が開始されるんだ。
失踪宣告
失踪宣告は…
①不在者が7年以上音信不通で生死不明のとき
②戦地に行って戦争終了後1年以上生死不明のとき
③乗った船が沈没してその後1年以上生死不明のとき
④死亡の原因となる危難に遭ってその危難が去った後1年以上生死不明のとき
不在者の利害関係人の申立てにより認められます。
なお、医学上の「脳死」状態が長期間続いても法律上の死亡にはなりません。
脳死

●相続が開始されるのは

相続の開始は、被相続人の死亡（または失踪宣告）によります。

死亡の有無・日時については、死亡診断書・検視などによるのが原則ですが、遭難事件などでは判決によることもあります。一定の期間、生死不明の者について死亡したものとみなす失踪宣告でも、相続は開始されます。

医学上の脳死は法律上の死亡にはならず、相続は開始しません。

●失踪宣告の手続き

利害関係人（不在者の配偶者、父母、相続人）が、不在者の住所地を管轄する家庭裁判所に申立てます。家庭裁判所は調査を行った上で、失踪に関する届出の公示催告をします。不在者本人、利害関係人による取消し（即時抗告）がなければ、失踪宣告は確定します。不在者は上記①の場合失踪期間満了時に死亡したものとみなされ、②～④の場合は危難が去った時、相続はその時点で開始したことになります。

失踪者が実は生きていたとき、失踪宣告は取消されます。しかし、取消し前に善意で（生存を知らずに）した行為は有効です。財産は当人に返すことになりますが、現に利益を受けている限度（財産の一部を使った場合は残っている部分）で返せばよいことになっています。

〔書式１〕失踪宣告の審判申立書

（東京家庭裁判所の様式）

受付印	失踪宣告審判申立書
	（この欄に収入印紙800円をはる。） （はった印紙に押印しないでください。）
収入印紙　円 予納郵便切手　円	

準口頭		関連事件番号　平成　年（家　）第　号

東京家庭裁判所 御中 令和 ○○ 年 11 月 1 日	申立人の署名押印 又は記名押印	山　川　一　郎　㊞

添付書類	申立人・不在者の戸籍謄本各１通，生死不明を証する証明書・失踪を証明する資料 （戸籍附票・捜索願をしたことの証明・不在者の手紙等），申立人の利害関係を証明する資料。

申立人	本籍	神奈川 都道府（県） 横浜市中区寿町２丁目１番地	
	住所	〒104-0061 東京都中央区銀座４丁目10番６号	電話 ○○（○○○○）○○○○ （　方）
	フリガナ 氏名	山《ヤマ》　川《カワ》　一《イチ》　郎《ロウ》	大正 （昭和） 平成 23 年 12 月 25 日生
	不在者との関係	夫	
不在者	本籍	都道府県 申立人の本籍に同じ	
	最後の住所	〒　－ 申立人の住所に同じ	電話　（　） （　方）
	フリガナ 氏名	山《ヤマ》　川《カワ》　ハナ	大正 （昭和） 平成 25 年 7 月 10 日生
	生死不明となった年月日	平成 ○ 年 2 月 10 日 20 時	生死不明となった場所：同　上

（注）太枠の中だけ記入してください。

申立ての趣旨
不在者に対し，失踪の宣告を求める。

申立ての実情
申立ての理由 （1） ７年以上生死不明のため。 2　戦地に臨み，戦争の終了した後，１年以上生死不明のため。 3　乗った船が沈没し，その後，１年以上生死が不明のため。 4　死亡の原因となる危難に遭い，その危難が去った後１年以上生死が不明のため。 5　その他
（その具体的な事情の詳細） １．申立人は不在者の夫です。 ２．不在者は，平成○○年２月10日書置きをして家を出たきり帰宅しませんでした。書置きの内容は，心身共に疲れたから当分の間，心を癒してきますということでした。申立人は，親戚，友人に照会して不在者の行方を探しましたが，その所在はこんにちまで判明しません。 ３．不在者が失踪して９年も経過し，申立人のもとに不在者が帰来する見込みもありません。そこで，不在者の遺産相続をするためにこの申立てをした次第です。

（注）太枠の中だけ記入してください。

3. 相続するもしないも本人の自由

被相続人の財産を相続するもしないも
相続人の自由なんだ
えっ
財産いらないなんて言う人がいるの？
12ページで説明したように相続財産にはプラスの財産もあればマイナスの財産もある
オマエの親父の借金だ
息子よスマン……
借用書
親が残した巨額の借金を子が相続するというケースもあるんだよ
そんなときには家庭裁判所に限定承認や相続放棄の申述をすることさ
限定承認
返済
財産
残った分は相続
相続で得た財産の限度で借金を払い、もし余りがあるなら相続する。これが限定承認です。ただし、限定承認は相続人全員の意思の一致が必要です。
相続放棄
親父の借金？そんな財産いらないよ
相続放棄は、とにかく全面的に財産の相続を放棄すること。プラス財産を全部借金の返済にまわしても、まだ借金が残りそうなときには、相続放棄をすることです。
注意しなければならないのはどちらも相続を知ってから3カ月以内に家庭裁判所に申述しなければいけないこと…。
3カ月以内
家庭裁判所
申述書
財産の一部でも使ったり隠したりすると、認められなくなるんだよ！
この掛軸は隠しておこう
ダメ！

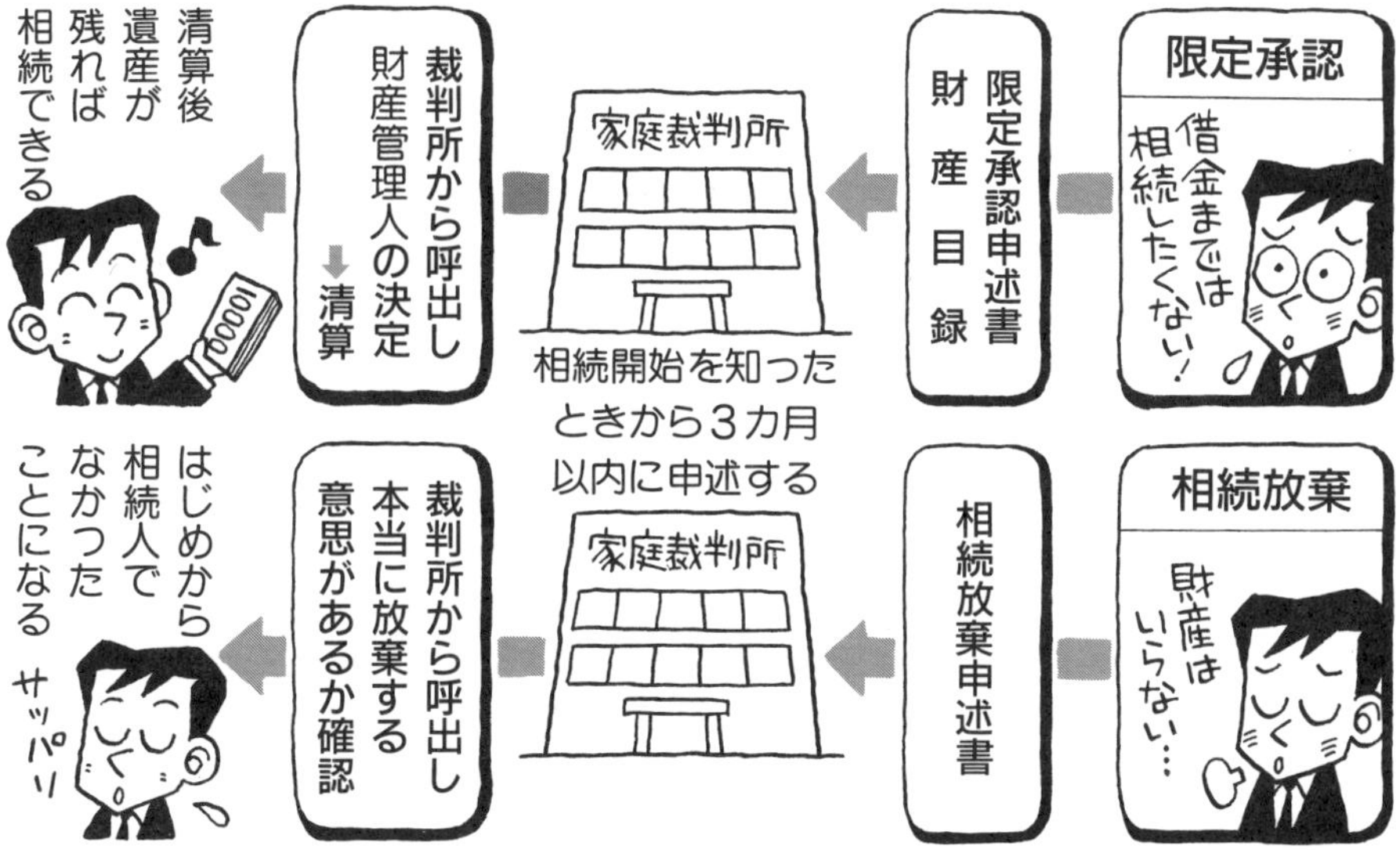

●**単純承認**

相続人が被相続人の財産を無制限に相続するとき、これを単純承認といいます。被相続人の財産をすべて継承し、借金があれば責任を負うことになります。単純承認をする場合、法律的な手続きは必要ありません。

●**限定承認**

被相続人の財産にマイナスの財産（借金など）があるとき、相続によって得た財産の限度においてのみ借金を払う、これを限定承認といいます。相続開始を知ってから3カ月以内に、共同相続人の全員が一致して、家庭裁判所に限定承認の申述をする必要があります。

●**相続放棄**

相続放棄とは、全面的に相続を拒否することです。被相続人のマイナス財産が大きいときだけでなく、他の相続人の相続分を増やすために相続放棄をするケースもあります。相続開始を知ってから3カ月以内に、家庭裁判所に相続放棄の申述をする必要があります。

※相続開始を知ってから3カ月以内に限定承認や相続放棄の申述をしなかったとき、申述の前や後に財産の全部または一部を使ったり隠したりしたときは、単純相続をしたことになります（法定単純相続）。

Q 悪質な債権者は三か月沈黙を守る

相続の放棄は相続開始から三か月以内にするのが原則。この期間を過ぎると単純承認をしたことになります。

被相続人に借金がある場合、債権者は相続人がその借金を相続してくれれば相続人に請求できるので、じっと三か月過ぎるのを待って請求してきたりします。しかし、相続放棄の期限は、正確に言うと相続人になったと「知ったとき」から三か月。知らなかったのなら（例えば被相続人の子が全員放棄したのに連絡がなく、相続人に繰り上がったことを知らないままでいた親やきょうだいなど）請求されて初めて「知った」ときから三か月間はまだ放棄できるのです。

4. 相続の手続きの流れ

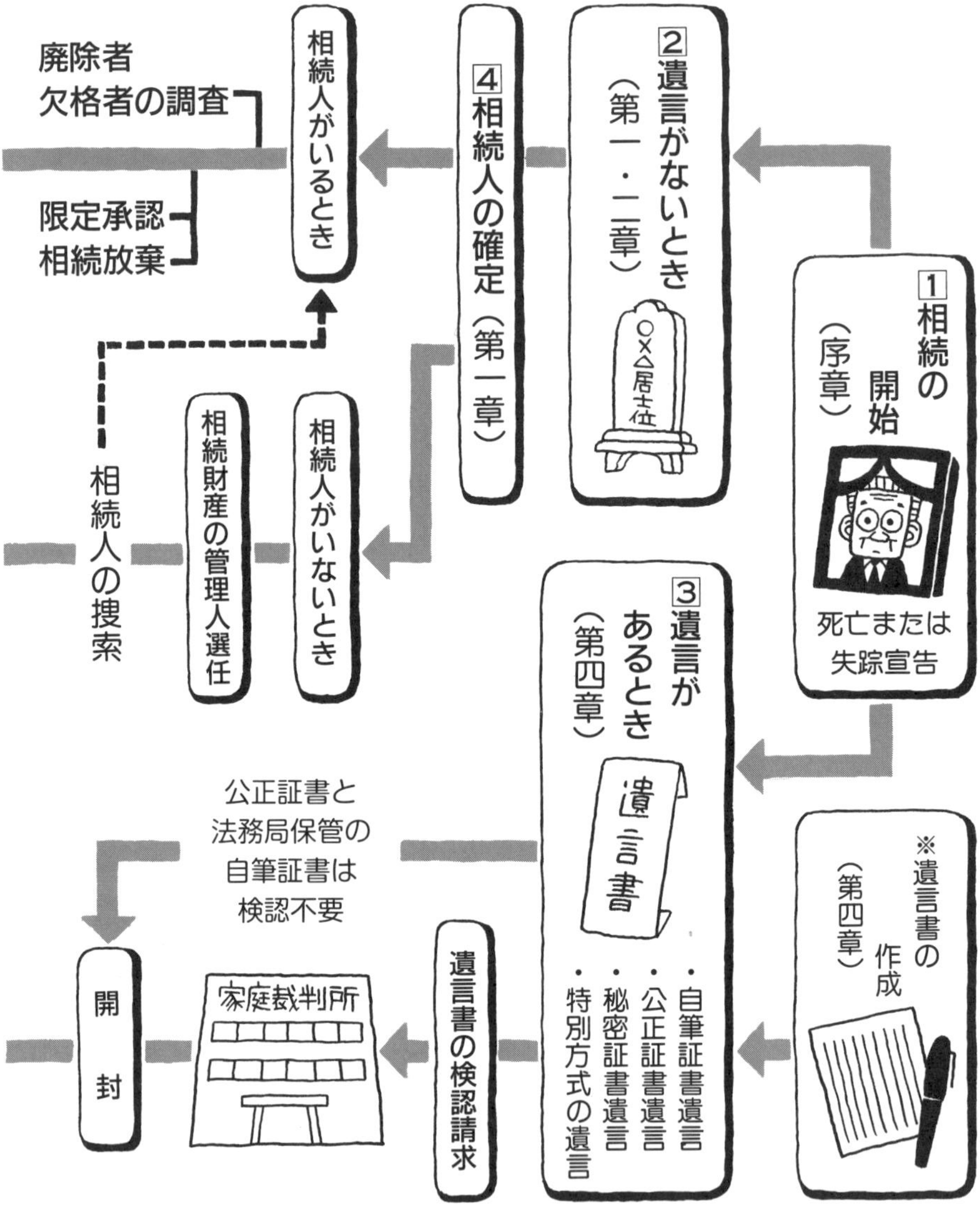

被相続人が死亡（または失踪宣告）すると**1相続が開始**します。相続の手続きは、遺言があるときと遺言がないときで異なります。

2遺言がないときは、まず**4相続人の確定**が必要です。相続人がいれば、相続人のあいだで**5遺産分割協議**を行います。

相続人の財産に大きな債務がある場合は、**限定承認**や**相続放棄**の手続きをとることもできます。

話し合いがまとまったら**遺産分割協議書**を作成し、**遺産分割**をします。

相続人がいないときは**相続財産管理人**が選任され、その後の手続きがとられます。

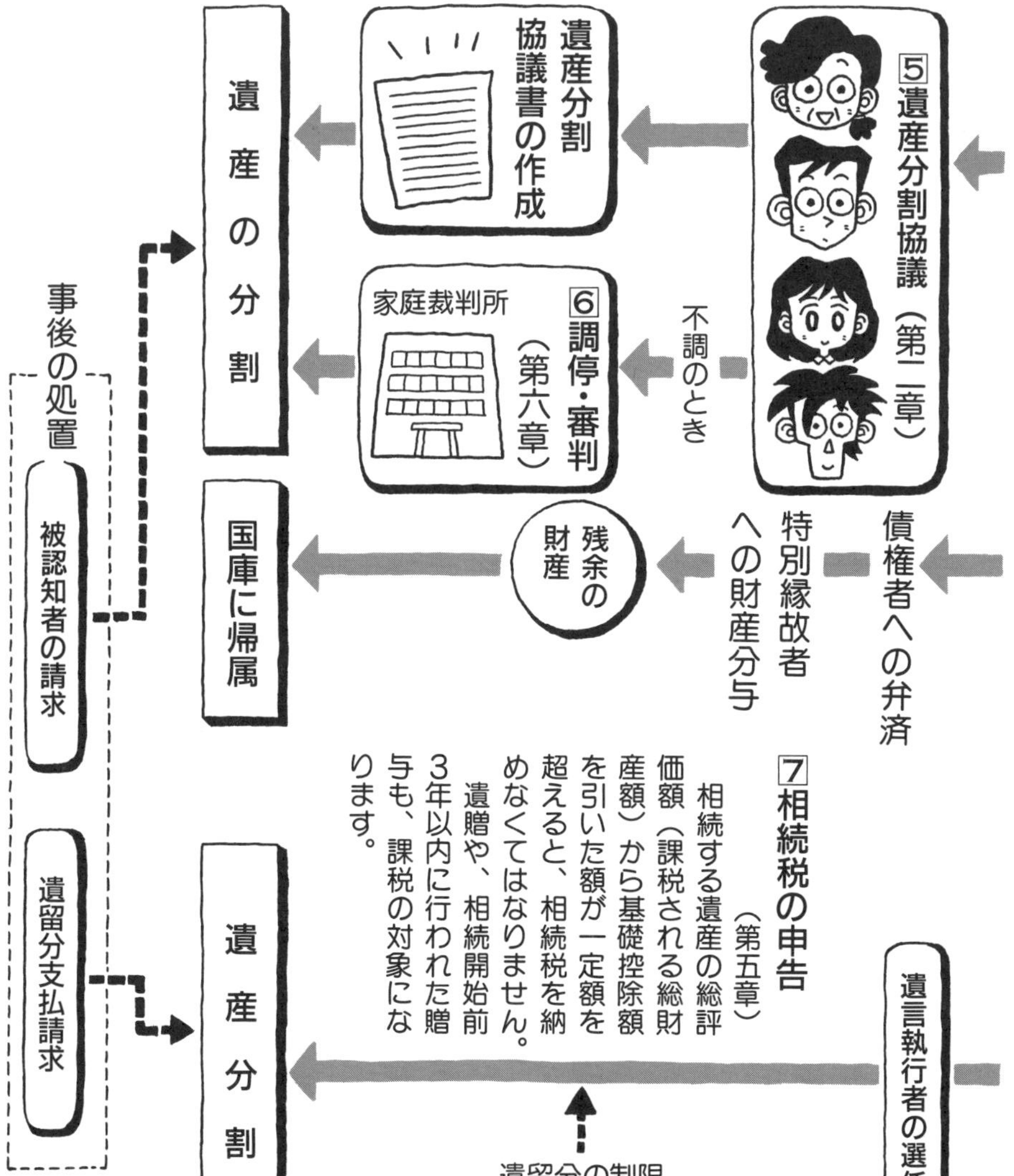

7相続税の申告（第五章）

相続する遺産の総評価額（課税される総財産額）から基礎控除額を引いた額が一定額を超えると、相続税を納めなくてはなりません。

遺贈や、相続開始前3年以内に行われた贈与も、課税の対象になります。

3**遺言があるとき**は、まず家庭裁判所で**検認**が必要になる場合があります（家に置いてあった自筆証書など）。遺言書が法律的に有効と認められたら、原則として遺言に従い**遺産分割**が行われます。

原則としてというのは、遺言の内容が相続権者の遺留分を侵害している場合があるからです。遺言や生前贈与などで遺留分を侵害された相続人は**遺留分支払請求**をすることができます。

このほか、相続手続きに関連して、入籍していない女性との間の子からの**認知請求**などもあります。認知されれば、その子も認知した父からの相続権者です。

◆相続分皆無証明書

●単独で相続させる簡便法

農業や商業を営んでいる場合、現在の均分相続でいくと、事業用資産が細分化され、経営がなりたっていきません。

そこで、一般に利用されているのが、相続放棄と遺産分割協議書の利用です。

相続の放棄は、家庭裁判所に相続放棄の申述書を提出する手続きが必要です。

遺産分割協議書は、前掲のように、自分は何々の財産をもらうということを協議書に記載して相続人全員が署名捺印して（印鑑証明書の添付が必要）、作成するものです。

これらの手続きをはぶき、もっと簡単な方法として、相続分皆無（あるいは不存在）証明書を利用する方法が、行われています。

これは、文例にあるように「生前に被相続人より、生計の資本その他特別受益を得ているので相続分はありません」という趣旨の証明書で、民法九〇三条に規定する特別受益者の相続分について作成される証明書です。

他の相続人が相続による所有権移転登記をする際、必要です。

この方法は、遺産分割協議手続きや相続放棄手続きの脱法手段として濫用される危険性があり、後日、紛争のもとになりやすいとの批判がありましたが、その効力については有効であるとの判決も出ています。

●証明書作成の要点

特別受益の内容としては、「生計の資本」、「学資金」、「何某と婚姻の際」など と財産の贈与を受けたことを記載しますが、具体的な金額などは不要です。

証明書に押印した印鑑の印鑑証明書が必要です。また、収入印紙は不要です。

〔書式4〕相続分皆無（あるいは不存在）証明書

証　明　書

私は、学資金その他生計の資本として、被相続人甲野乙吉から、生前すでに財産の贈与を受けておりますので、右甲野乙吉の死亡による相続については、相続分がないことを証明します。

令和□年□月□日

都道府県市区町村番地

被相続人　甲　野　乙　吉

都道府県市区町村番地

右相続人　甲　野　三　郎　㊞

第一章・誰が相続人になるのか

1.遺言がある場合とない場合

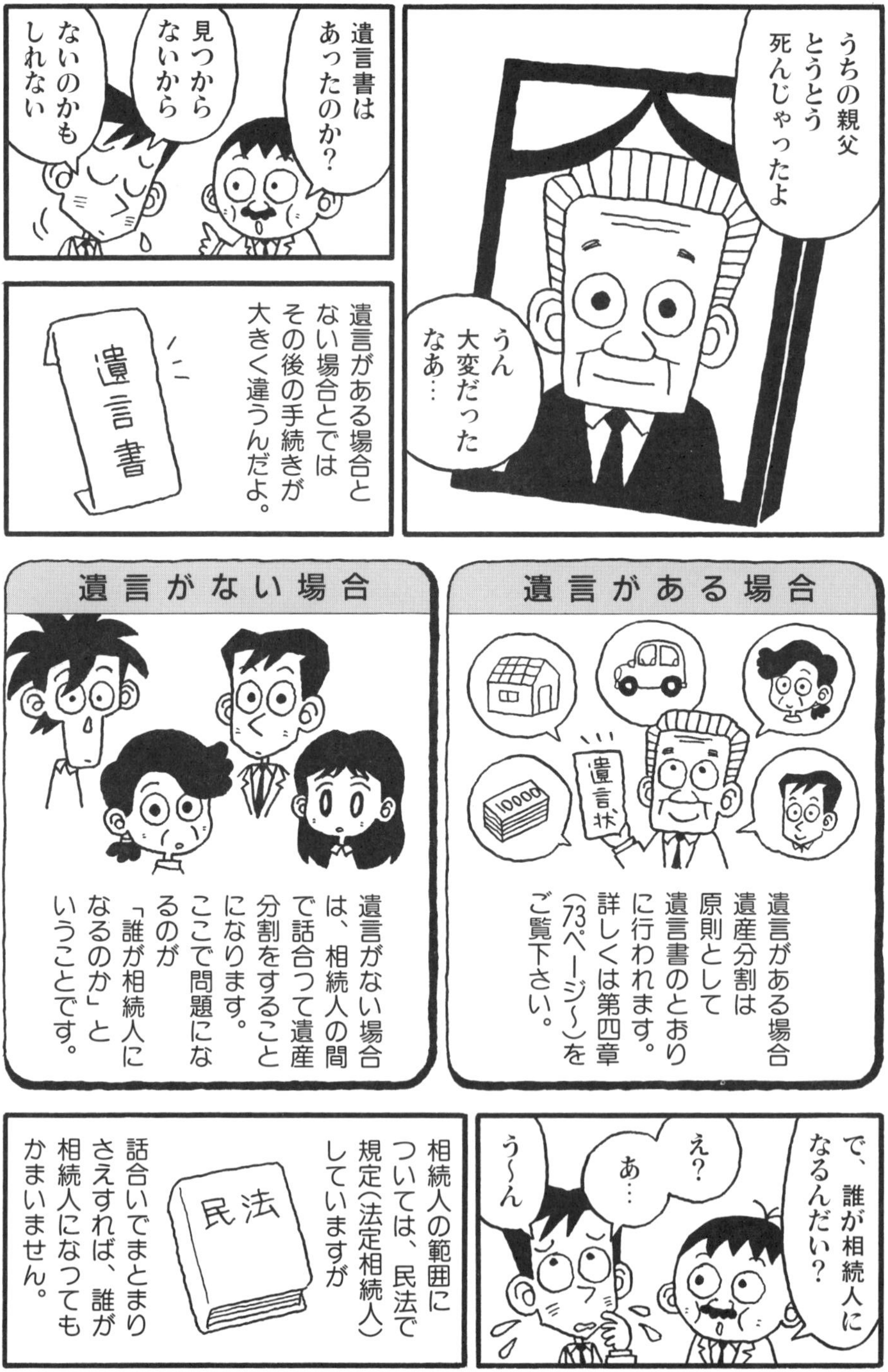

うちの親父とうとう死んじゃったよ
うん大変だったなあ…
遺言書はあったのか?
見つからないから
ないのかもしれない
遺言がある場合とない場合とではその後の手続きが大きく違うんだよ。
遺言書
遺言がある場合
遺言状
遺言がある場合遺産分割は原則として遺言書のとおりに行われます。詳しくは第四章(73ページ〜)をご覧下さい。
遺言がない場合
遺言がない場合は、相続人の間で話合つて遺産分割をすることになります。ここで問題になるのが「誰が相続人になるのか」ということです。
で、誰が相続人になるんだい?
え?
あ…
う〜ん
相続人の範囲については、民法で規定(法定相続人)していますが
民法
話合いでまとまりさえすれば、誰が相続人になつてもかまいません。

相続人になれる者の範囲

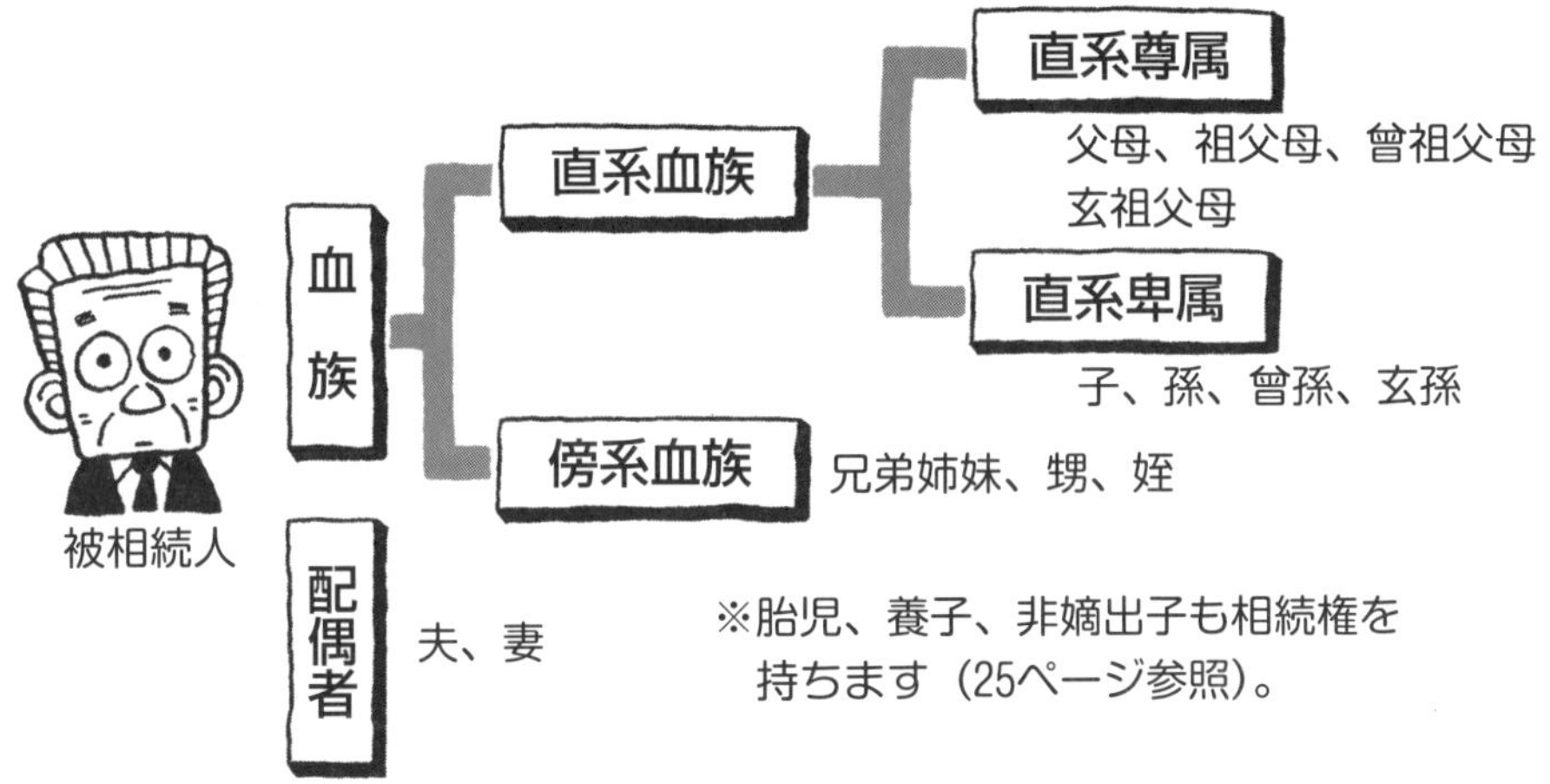

※胎児、養子、非嫡出子も相続権を持ちます（25ページ参照）。

●遺言がある場合とない場合

遺産相続の手続きは、遺言がある場合とない場合とでは大きく異なります。

法律的に有効な遺言書がある場合、遺産分割は原則として遺言のとおりに行われます。詳しくは、第四章「遺言による相続の仕方」（73ページ〜）をご覧下さい。

遺言がない場合、あるいは遺言が法律的に有効なものでない場合は、相続人の間で話し合って遺産分割をすることになります。ここで問題になるのが、まず「誰が相続人になるのか」ということです。

●誰が相続人になるのか

相続人の範囲については、民法で規定されています。その範囲は「血族」と「配偶者」です。

さらに、この範囲の中でも一定の順位が規定されていて、現実にどのようなメンバーが存在するかによって、相続権を持つ者が決まります。後順位の者は相続人になれません。こうして決まった者を「推定相続人」といいます。

しかし、推定相続人が必ず相続人になるとは限りません。相続放棄や、廃除・相続欠格によって相続権を失うケースもあり、これらについては代襲相続の問題もおこります。詳しくは、次ページ以降をご覧下さい。

Q 相続人を探すにはどうするか

兄弟仲が悪かったりしますと、相続が開始しても、相続人が不明の場合があります。このようなとき長年、消息不明であれば失踪宣告（14ページ参照）の申立てという方法もありますが、多くの場合、生きているのは確実だが、今どこにいるかが分からないといったケースが多いようです。

このような場合、戸籍の附票を追っていくという方法があります。戸籍の附票には、どこに、いつ住民票を移したかが分かるようになっています。理由がなければ見せてくれませんが、相続のために相続人を探していることを証明すれば、見せてくれるはずです。

2. 法定相続人はどうなっているか

次のページにあるように
相続人の範囲については民法が規定してるんだ
民法
さらに、民法はその範囲内での順位も決めています。
1
2
3

第一順位の相続

被相続人に子があった場合

子と配偶者

配偶者が死亡している場合は、子のみ

第二順位の相続

被相続人に子がなかった場合

父母と配偶者

配偶者が死亡している場合は、父母のみ

第三順位の相続

被相続人に子がなく父母は死亡している場合

兄弟姉妹と配偶者

配偶者が死亡している場合は、兄弟姉妹のみ

上図のように被相続人の配偶者（妻・夫）は、常に相続人になるけど
配偶者
常に相続人
被相続人の血族については、現に存在している血族の顔ぶれによって相続人になるかどうかが決まるんだよ。
血族

第一順位の相続

第一順位の左のようなケースが、相続の実例で最も多い型です。被相続人に子がいれば、被相続人の父母や兄弟姉妹は相続人になれません。配偶者が死亡（または離婚）していた場合は、子のみで相続します。

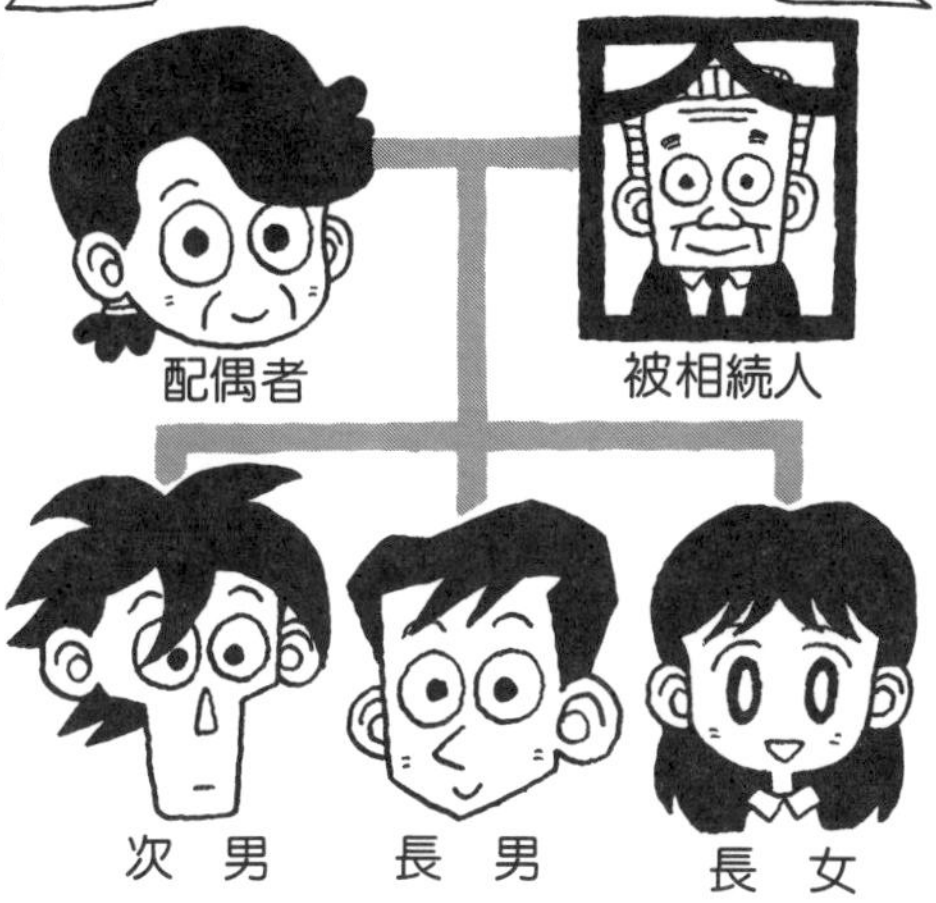

胎児や養子、非嫡出子も相続人になります（詳細は下段参照）。

●法定相続人

民法には相続人になれる者の範囲と順位が規定されていて、これを「法定相続人」といいます。法定相続人は、被相続人が死亡または失踪宣告されたとき（相続開始時）の血族の顔ぶれによって変わります（右ページ参照）。

●配偶者は常に相続権者

相続開始時に被相続人の配偶者であった者は、どんな場合でも必ず相続権者となります。その後再婚したとしても、相続の権利は失いません。

相続開始の前に離婚した過去の配偶者に相続権はありません。

●胎児・養子・非嫡出子も相続権者

胎児は、相続法上すでに生まれたものとみなされます。ただし、死亡して生まれた場合、この規定は適用されません。

養子にもらった子は、実子と同じように相続権者となります。養子として他家に出した子でも、他の実子と同じように相続権者となります。ただし、昭和63年1月1日より施行された特別養子制度によって養子に出た子の場合は、実親の相続権者にはなれません。

未入籍で生まれた子（非嫡出子）も父からの認知を得れば、その時期（相続開始の前後）を問わず父から相続できます。相続開始後に認知の訴えができるのは、相続開始後3年以内です。

Q 胎児がいる場合の遺産分割は

民法は胎児の相続については、既に生まれたものとみなすとしていますが、死んで生まれた場合は最初からいなかったものとして取り扱うと規定しています（民法八八六条一、二項）。

胎児を抜きにした遺産分割は無効で、子供が生まれればこの遺産分割はやり直さなければなりません。

したがって、分割協議は子供が生まれてからするのがベターです。

なお、その子が嫡出子の場合、あまり問題となりませんが、非嫡出子の場合モメるケースが多いので注意が必要です。

3. 孫や甥・姪が相続人になる代襲相続とは

代襲相続って何だい？
例えば
君ンとこの場合なら…
※25ページ参照
親父さんが亡くなって相続人は…
第一順位で相続
配偶者であるオフクロさんと、君ら3人の子になるよね…
もし、もしもだよ、君の弟さんが親父さんより先に亡くなっていたら子は2人になるわけだけど…
被相続人
死亡
たしか弟さんには子供がいたよね？
財産
右のようなときは、弟さんの子供（被相続人の孫）が代襲相続人として相続権を持つことになるんだ。
つまり代襲相続とは、相続人の一人がすでに死んでいる（または廃除・欠格となった）ときに
ぼく相続人！
その子が親に代わって相続する制度なんだ。
なあんだよくある話じゃないか！
よくある話だよでもね…
被相続人の曾孫や甥・姪が代襲して相続人になることもあるんだよ詳しくは左ページで…

曾孫が代襲するケース

第一順位の相続で、被相続人の子、その子(孫)まで死亡している場合、さらにその子(被相続人の曾孫)がいれば、曾孫が代襲して相続人となります。

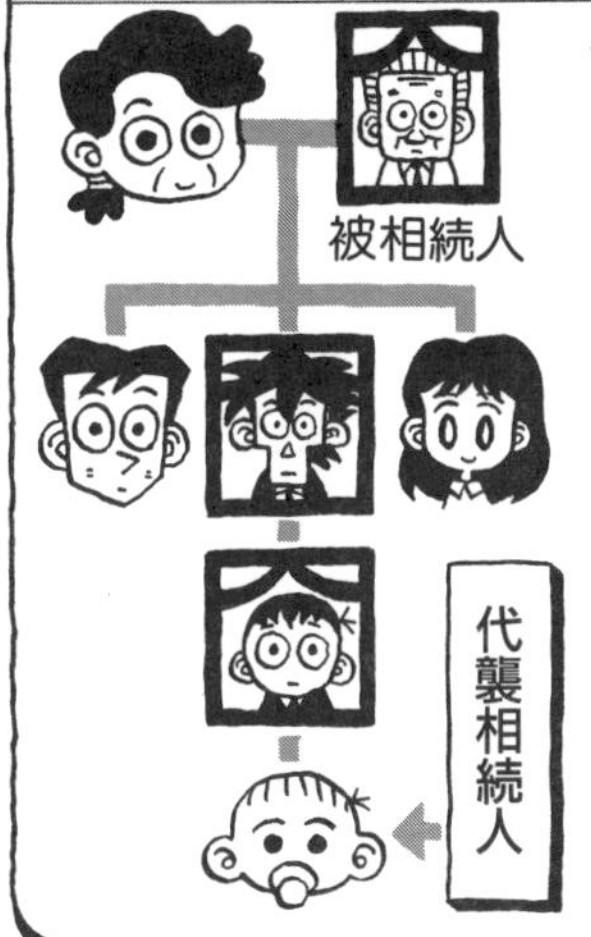

甥・姪が代襲するケース

被相続人に子も父母もいなければ第三順位の兄弟姉妹の相続となりますが、死亡している場合、その子（被相続人の甥・姪）が代襲して相続人となります。

●代襲相続とは何か

相続のとき、被相続人の子が死亡（または廃除、欠格）している場合があります。そのようなときは、子の子（つまり、被相続人の孫）が親に代わって相続します。このような制度を代襲相続といいます（廃除、欠格については32ページをご覧下さい）。

●直系卑属が代襲するケース（上図右）

前述のように、被相続人の子が死亡している場合は、その子（被相続人の孫）が代襲相続人になります。

子の子も死亡している場合はその子（被相続人の曾孫）が代襲、子の子の子も死亡している場合はその子（被相続人の玄孫）が代襲……というように、直系卑属の相続の場合はどこまでも代襲していきます。

●傍系血族が代襲するケース（上図左）

第三順位の兄弟姉妹の相続となったときに、被相続人の兄弟姉妹が死亡している場合、その子（被相続人の甥・姪）がいれば代襲相続人になります。

ただし、傍系血族の場合は甥・姪で打ち切りになり、そこから下は代襲をしません。

※直系尊属に代襲はありません。

※相続放棄をした相続人の子に、代襲相続は生じません。

Q 代襲相続人が未成年のときは

被相続人が死亡すると、その子が相続人となりますが、子もすでに死亡している場合があります。この場合、被相続人の子に代わって孫が相続できるというのが代襲相続の制度です。

代襲相続人が未成年者のとき、死亡してない親が親権者として法定代理人となり、相続等の法律行為を行ないます。

なお、両親とも死亡している場合、後見人がいる場合が普通ですので、後見人が相続についての法定代理人となります。

この場合、後見人もまた相続人であるときは利益相反行為になりますので、家庭裁判所で特別代理人を選任してもらうことになります。

4. 法定相続人がいない場合はどうなるか

相続人がいない場合もあるんだよ
？
例えば一人暮らしの老人が死亡して
ガクッ
遺言も相続人もない場合…
このようなときは利害関係人や検察官の申立てによって
申立書
申立書
家庭裁判所
相続財産管理人
家庭裁判所が相続財産管理人を選任します。
受遺者
債権者
相続人
相続財産管理人は相続財産を管理、清算する一方で、債権者や受遺者に対する請求催告、不明の相続人の捜索をするのです。
相続人捜索の公告が出て6カ月しても相続人が現れないと
WANTED
6カ月経過
相続人不存在確定
相続人の不存在が確定します。
相続人なしと確定した場合、被相続人の特別縁故者は
家庭裁判所
申立
家庭裁判所に申立てをして財産の全部または一部を分与されます。
特別縁故者とは被相続人と生計を共にしていた人や被相続人の療養、看護に努めた人…
特別縁故者
その他特別の縁故があった人のことです。
相続人、債権者、受遺者、特別縁故者いずれもいない場合被相続人の財産は国庫に帰属します。
国庫

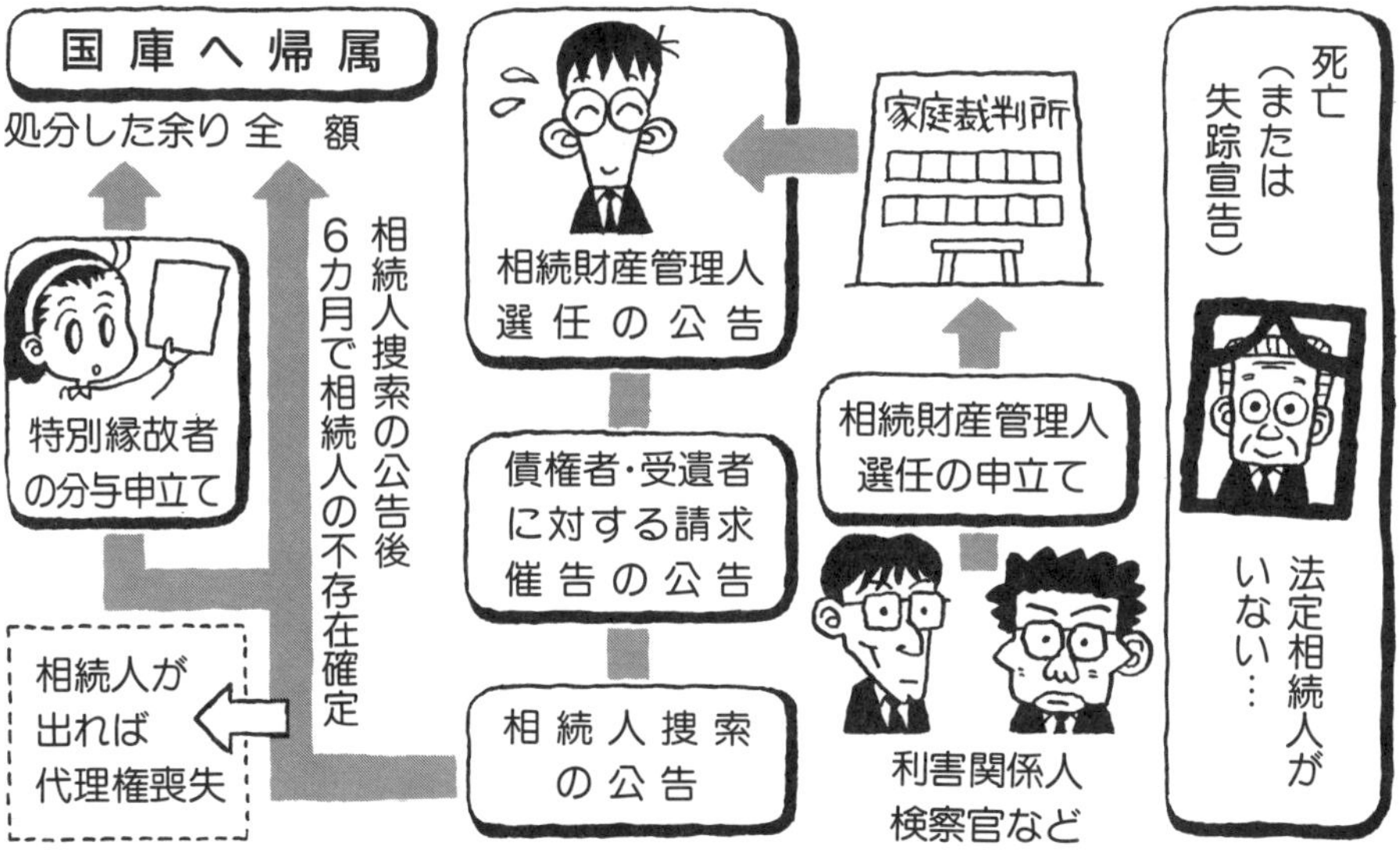

●**法定相続人がいないとき**

被相続人が死亡したが、法定相続人がいない（または、いるはずなのに発見できない）というときでも、相続は開始します。このようなときは、相続財産管理人が法定相続人に代わって相続の手続きを行います。相続財産管理人は、被相続人の利害関係人や検察官の申立てによって家庭裁判所が選任します（書式サンプル➡30ページ）。

●**相続財産管理人の仕事**

・相続財産の管理（財産状況の報告など）。
・債権者・受遺者に対する請求の催告（催告の公告後2カ月以内に申立てがあれば弁済）。
・相続人捜索（捜索の公告後6カ月以内に相続人が現れなければ、相続人の不存在が確定）。相続人不存在が確定すると、相続人、管理人に知られなかった債権者・受遺者は、ともにその権利を失うことになります。

●**特別縁故者とは何か**

相続人の不存在が確定したら、特別縁故者は家庭裁判所に相続財産の分与を申立てることができます（確定後3カ月以内）。どのような人が特別縁故者として認められるかは右ページで説明したとおりですが、それぞれのケースについて裁判所が審理して決定します（書式サンプル➡31ページ）。

Q 内縁の妻は相続人になれるか

内縁の妻は被相続人に妻や子・親・兄弟姉妹等の法定相続人がいる場合には、相続人となることはできません。ただし、被相続人に妻や子・親・兄弟姉妹等の法定相続人がいない場合には、特別縁故者として相続が認められるでしょう。

なお、居住用の借家については、他に相続人がいなければ、内縁の配偶者もしくは事実上の養子等の関係にある者が同居者である場合、借家権の承継を認めています（借地借家法三六条一項）。

しかし借地については、このような規定はありません。

〔書式５〕相続財産管理人選任の申立書

（東京家庭裁判所の様式）

受付印	相続財産管理人選任申立書（　相続人不存在の場合　）
収入印紙　　円	（この欄に収入印紙800円をはる。）
予納郵便切手　　円	（はった印紙に押印しないでください。）

準口頭		関連事件番号　平成　　年（家　　）第　　号

東京家庭裁判所　御中 平成○○年11月1日	申立人（又は代理人など）の署名押印又は記名押印	岩崎　初男　㊞

添付書類	
	申立人の戸籍謄本　1　通　　被相続人の戸(除)謄本(出生から死亡までのもの)　1　通
	被相続人の消除された住民票　1　通　　相続人身分関係図　1　通
	財産目録　1　通　　土地登記簿謄本　1　通　　建物登記簿謄本　1　通
	申立人の利害関係を証する書面　　通　　相続放棄申述受理証明書　　通　　その他（　　）

申立人	本籍	東京　都（道・府・県）　渋谷区富ケ谷1丁目234番地		
	住所	〒151-0063 同　上	電話　○○（○○○○）○○○○ （　　方）	
	連絡先	〒　-	電話　（　　） （　　方）	
	フリガナ 氏名	岩《イワ》崎《サキ》初《ハツ》男《オ》	大正・昭和・平成　17年3月5日生	職業　会社員
被相続人	本籍	東京　都（道・府・県）　渋谷区富ケ谷1丁目235番地		
	最後の住所	〒　- 同　上	電話　（　　） （　　方）	
	フリガナ 氏名	中《ナカ》田《ダ》政《マサ》之《ノ》助《スケ》	大正・昭和・平成　14年11月15日生	
	死亡当時の職業	なし		

申立ての趣旨

被相続人の相続財産の管理人を選任する審判を求める。

申立ての実情

理　由

※　被相続人は　昭和・平成○○年10月20日に死亡したが，

① 相続人があることが明らかでないため。

2　相続人全員が相続の放棄をしたため。

申立人が利害関係を有する事情

※　① 相続債権者　　2　特定受遺者

3　相続財産の分与を請求する者　　4　その他

（その具体的事情）

1．被相続人中田政之助は，平成○○年10月20日東京都渋谷区富ケ谷1丁目5番地において死亡し相続を開始したが，被相続人には推定相続人がなく相続人不明である。

2．しかし申立人は，たまたま被相続人と隣近所であったことから，被相続人生前中の生活費100万円のほか入院治療費50万円および葬式費用50万円，合計200万円の出費をなし同金額の債権を有している。

3．よって，相続財産の管理人の選任を求めるため本申立をする次第である。

相続財産
※
① 土地
② 建物
3　現金
4　預・貯金
5　有価証券
6　貸金等の債権
7　借地権・借家権
8　その他
内訳は別紙遺産目録のとおり
遺言　※　1有　2無　③不明

（備　考）

（注）太枠の中だけ記入してください。　※あてはまる番号を○でかこむ。

〔書式 6〕特別縁故者の相続財産の分与申立書

受付印	家事 審判 / 調停 申立書 事件名（相続財産の分与）
	（この欄に収入印紙をはる。） （はった印紙に押印しないでください。）
収入印紙　円	
予納郵便切手　円	
予納登記印紙　円	

準口頭		関連事件番号 平成　年（家　）第　号

東京 家庭裁判所 御中 令和 〇〇 年 4 月 2 日	申立人（又は法定代理人など）の署名押印又は記名押印	山本　不二子　㊞

添付書類	申立人の戸籍謄本 1 通　相手方の戸籍謄本　通　被相続人の除籍謄本 1 通　官報 1 通

申立人	本籍	東京 都道府県 江戸川区篠崎町2丁目25番123号	
	住所	〒133-0061 同上	電話 〇〇（〇〇〇〇）〇〇〇〇（　方）
	連絡先	〒　-	電話（　）（　方）
	フリガナ 氏名	山《ヤマ》本《モト》　不《フ》二《ジ》子《コ》	大正 昭和 平成 15 年 10 月 10 日生
	職業	主婦	
※ 被相続人	本籍	東京 都道府県 中野区本町3丁目45番67号	
	住所	〒164-0012 同上	電話（　）（　方）
	連絡先	〒　-	電話（　）（　方）
	フリガナ 氏名	浅《アサ》田《ダ》　チカ	大正 昭和 平成 19 年 12 月 15 日生
	職業	なし	

（注）太枠の中だけ記入してください。　※の部分は，申立人，相手方，法定代理人，事件本人又は利害関係人の区別を記入してください。

申立ての趣旨
申立人に対し，被相続人の相続財産を分与するとの審判を求める。

申立ての実情
1．被相続人は令和〇〇年4月1日最後の住所で死亡したが，相続人が見当らないので，令和〇〇年6月10日，御庁令和〇〇年(家)521号において，被相続人の相続財産管理人が選任され，同6月20日，相続債権者及び受遺者への請求申出の催告及び同9月2日相続権主張の催告公告をなし，令和〇〇年3月1日期間が満了したが相続人の申出はありませんでした。 2．申立人は被相続人の父の姉高田ヨシの長女にあたり，幼児より親戚づき合をして来ました。被相続人は病弱で，かつ一人暮しをしていたので申立人は18年にわたり親身になって被相続人の療養看護に努めて来ました。 3．申立人は今後，被相続人の祭祀を承継し，同先祖の菩提を今後手厚く弔う所存です。 4．申立人は昭和〇〇年以来18年間東京都江戸川区篠崎町2丁目28番所在の被相続人所有の畑670㎡を管理を兼ねて耕作して現在に至っています。 5．被相続人には遺言もなく相続財産を清算した残余財産は特別縁故関係にある申立人に分与されたく申立てた次第です。

（注）太枠の中だけ記入してください。

5. 法定相続人でも相続人になれない場合

法定相続人でも相続人になれない場合があるんだよ
何で？
相続欠格または相続廃除となった者は
欠格
廃除
相続も遺贈も受けられないんだ。
相続人の欠格
相続について犯罪行為をした者は相続権を失い、遺贈を受ける権利も失います。
遺言
ヒヒヒ…
相続人の廃除
家庭裁判所
廃除
申立
被相続人に対し生前虐待、侮辱、またはいちじるしい非行があり、家庭裁判所がその申立てを認めた場合、相続人から除外されます。
ただし相続欠格・廃除となった者の子は代襲権を持つ
ちなみに相続放棄をした者の子には代襲権はありません。
放棄
相続人
被相続人
廃除または欠格
相続人
相続人
代襲相続人
※代襲相続については26ページをご覧下さい。

●相続欠格となる場合

①故意に被相続人、または先順位もしくは同順位にある相続人を死亡するに至らせ、または至らせようとしたために、刑に処せられた者。

②被相続人が殺されたことを知っていながら、これを告訴、告発しなかった者。ただし、判断能力のない者（是非の弁別のできない者）、または殺害者が自己の配偶者もしくは直系血族であったときは例外となる。

③詐欺・強迫によって、被相続人が相続に関する遺言をし、これを取り消し、またはこれを変更することを妨げた者。

④詐欺・強迫によって、被相続人に、相続に関する遺言をさせ、または取り消させ、あるいは変更をさせた者。

⑤相続に関する被相続人の遺言を偽造、変造、破棄、隠匿した者。

これらの欠格事由に該当すると、誰からの手続きがなくても相続権を失い（民法八九一条）、または遺贈を受ける資格も失います（民法九六五条）。

●相続廃除となる場合

相続廃除となるのは、

①被相続人に対して虐待をし、もしくは重大な侮辱を加えたとき。

②その他の、いちじるしい非行があったとき。

のどちらかに当てはまる場合です。つまり、相続という制度の基本にある被相続人と相続人の共同関係が破れ、したがって相続させる理由がない場合です（民法八九二条）。

しかし、どの程度の「虐待」「侮辱」「非行」が①②に該当するかの判断は難しいところです。相続廃除するかどうかは、被相続人が勝手に決められるものではなく、家庭裁判所の審判によって決まります。

被相続人が、生前に家庭裁判所へ申し立てる場合、または、遺言でその意思表示をし、相続開始後、遺言執行者が家庭裁判所へ申し立てる場合があります。相続廃除の審判が確定すれば、その推定相続人は相続権を失います（書式サンプル⬇34ページ）。

相続廃除は取り消せます。家庭裁判所に申し立てて廃除の審判を得た後、もし被相続人の気が変わったら、廃除の取消しを家庭裁判所へ申し立てればよいのです（遺言で取消しを求めることもできます）。家庭裁判所によって廃除が取り消されると、相続権は復活します。

Q 相続欠格・廃除で財産はどうなる

相続欠格や廃除がなされると、その相続人が相続できないのは当然ですが、相続人に子がいる等の場合には代襲相続されます（民法八八七条二項）。

被相続人が相続廃除した相続人の子（代襲相続権者）に対して相続させたくないというケースもあるようですが、現在の民法の規定ではそうすることはできません。

つまり、被相続人の子を廃除したとしても、孫が代襲相続人となり相続することになるのです。

このような場合、遺言により最小限の相続分に留める、また、他の人への生前贈与等により、好きなように財産を処分する方法もあります。

〔書式7〕推定相続人廃除の申立書（遺言による場合）

受付印	家事 審判 調停 申立書 事件名（推定相続人廃除）
収入印紙 円 予納郵便切手 円 予納登記印紙 円	（この欄に収入印紙をはる。） （はった印紙に押印しないでください。）

準口頭		関連事件番号 平成　　年（家　　）第　　　号

東京 家庭裁判所 御中 令和 ○○ 年 5 月 15 日	申立人（又は法定代理人など）の署名押印又は記名押印	西村 菊男 ㊞

添付書類	申立人の戸籍謄本 1 通　相手方の戸籍謄本 1 通　被相続人の戸籍謄本 1 通 遺言書の写し 1 通　資格証明書 1 通

申立人	本籍	東京 都 道 府 県 千代田区神田司町1丁目123番地	
	住所	〒101-0048 同上	電話 ○○（○○○○）○○○○ （　　方）
	連絡先	〒　-	電話（　　） （　　方）
	フリガナ 氏名	西《ニシ》村《ムラ》　菊《キク》男《オ》	大正 昭和 平成 17 年 3 月 4 日生
	職業	会社員	
※ 相手方	本籍	東京 都 道 府 県 千代田区神田小川町1丁目234番地	
	住所	〒101-0052 同上	電話 ○○（○○○○）○○○○ （　　方）
	連絡先	〒　-	電話（　　） （　　方）
	フリガナ 氏名	東《ヒガシ》山《ヤマ》　一《イチ》郎《ロウ》	大正 昭和 平成 23 年 12 月 5 日生
	職業	無職	

（注）太枠の中だけ記入してください。　※の部分は，申立人，相手方，法定代理人，事件本人又は利害関係人の区別を記入してください。

申立ての趣旨
相手方が被相続人東山太郎の推定相続人であることを廃除する審判を求めます。

申立ての実情
1．申立人は東京家庭裁判所において選任された遺言執行者であります。 2．相手方は，被相続人の意に反して，家業をせず，かつ親兄弟の家財を持ち出し費消するなど親不孝をしたので，被相続人は相手方の推定相続人たることを廃除する旨の遺言をなし，その遺言は被相続人が令和○○年5月5日死亡によりその効力を生じたので，この申立てをします。

（注）太枠の中だけ記入してください。

第二章・財産はどう分けるか

1. 遺言がある場合とない場合

誰が相続人になるかについてはわかったけど
数人の相続人で財産を分割するときどう分ければいいんだい？
それも遺言のある場合とない場合とに分かれるんだ
遺言のある場合
遺言
遺言がある場合、遺産分割は原則として遺言書のとおりに行われます。詳細は第四章（73ページ～）をご覧下さい。
遺言のない場合
遺産分割協議
遺言がない場合相続人の間で話合つて（遺産分割協議⬇44ページ）遺産分割をすることになります。話合いがまとまりさえすれば、どのように分割してもかまいません。
遺言がない場合は話合いで自由に分割していいのか！
話合いがまとまればね
話合いがまとまらないときは家庭裁判所に調停・審判を申立てて…
家庭裁判所
申立
民法が規定する法定相続分（38ページ）を基準にして分割することになる。
民法
遺言でも遺産分割協議でも気をつけなくてはならないのは「遺留分」さ
遺留分については82ページで説明するよ

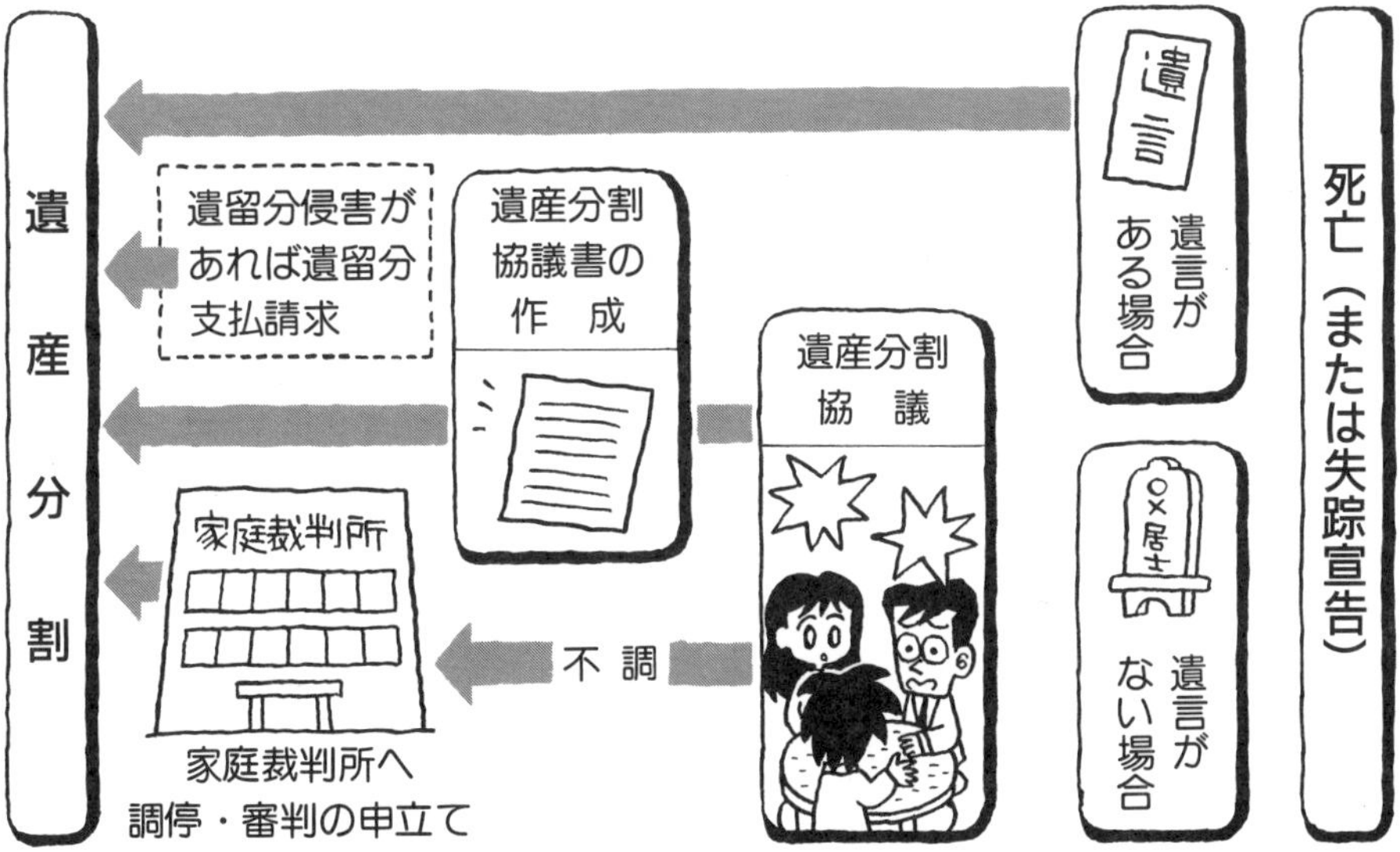

●遺言がある場合とない場合

遺産分割については、民法が「法定相続分」（⬇38ページ）を規定していますが、そのとおりに分割する必要はありません。

法律的に有効な遺言書がある場合、遺産分割は原則として遺言のとおりに行われます。詳しくは、第4章「遺言による相続の仕方」（73ページ〜）をご覧下さい。

遺言がない場合、あるいは遺言が法律的に有効なものでない場合は、相続人のあいだの話合い（遺産分割協議⬇44ページ）で遺産分割をすることになります。遺産分割協議で話合いがつかないときは、家庭裁判所に調停・審判を申立てて遺産分割をします（第6章「相続紛争の解決手続き」１４９ページ〜）。

●遺留分とはどういうことか

ただし、遺言による遺産分割が「遺留分」を持つ法定相続人の遺留分を侵害している場合、その法定相続人は「遺留分侵害額請求権」を行使して、侵害された遺留分にあたる金額を侵害者に支払わせることができます。

遺留分とは、民法が規定した、被相続人がどんな遺言をしても相続人が最低限受け取ることのできる遺産の部分です。ただし、兄弟姉妹に遺留分はありません。遺留分の詳細については82ページをご覧下さい。

Q 遺言があるときの相続は…

遺言書どおりに相続したくないからと言って、遺言が有効である限り、勝手に遺産を分けるわけにはいきません。

ただし、遺留分侵害があれば侵害額の支払請求権の行使ができます。また、寄与分の主張が認められて受け取る額が変わる場合もあります。

なお、遺言による指定相続分や遺贈を受け取る権利を持つ者の自由意思による同意があれば、遺言に定められた割合・指定された物件と異なる分割をしても違法ではありません。つまり、相続人間で話合いがつけばいいということです。

2. 法律が定める相続分（法定相続分）は

24ページで説明したように
民法は相続人の範囲（法定相続人）を規定しているけど
さらに相続分についても規定しているんだ
民法
これを法定相続分というんだよ。
第一順位の場合
1/2
子
1/2
配偶者
子と配偶者
配偶者が死亡している場合は子が全部
第二順位の場合
直系尊属
1/3
父母
2/3
配偶者
父母と配偶者
配偶者が死亡している場合は親が全部
第一順位の相続人がいない場合
第三順位の場合
1/4
兄弟姉妹
3/4
配偶者
兄弟姉妹と配偶者
配偶者が死亡している場合は兄弟姉妹が全部
第一順位・第二順位の相続人がいない場合
子や親、兄弟姉妹が数人いる場合は人数で等分することになります。
子の相続分 1/2
1/6
1/6
1/6
これを原則としてあとは実際の相続人の顔ぶれによって決まるんだ
次のページからいくつか具体例をあげるよ

Q 非嫡出子の相続分は嫡出子と同じ

遺産の配分について、かつて民法は、非嫡出子の相続分を嫡出子の相続分の二分の一と定めていました。

この規定については、戦前の家制度を重視した規定であり、法の下の平等を定めた憲法が禁じた差別にあたるのではないかという指摘がありました。社会の変化に伴い、規定を見直すべきだという意見も強くなってきました。

この点をうけて、民法が改正され、現在では非嫡出子と嫡出子の法定相続分は平等とされています（九〇〇条四項、改正規定は平成25年12月5日成立、同11日施行）。

【1】妻と子がいる場合

相続の実例の中で一番多い型です。配偶者の相続分は常に2分の1。子は残りの2分の1を人数で等分します。子供が多く子1人当たりの相続分が少ないからといって、配偶者の相続分を減らして子に回す、ということはありません。また子は、結婚して他家に嫁いだ子であっても、相続に関しては他の子と平等に取り扱われます。

配偶者がいない場合は子だけで等分します。被相続人の子がいる場合は、被相続人の親や兄弟姉妹に相続分はありません。

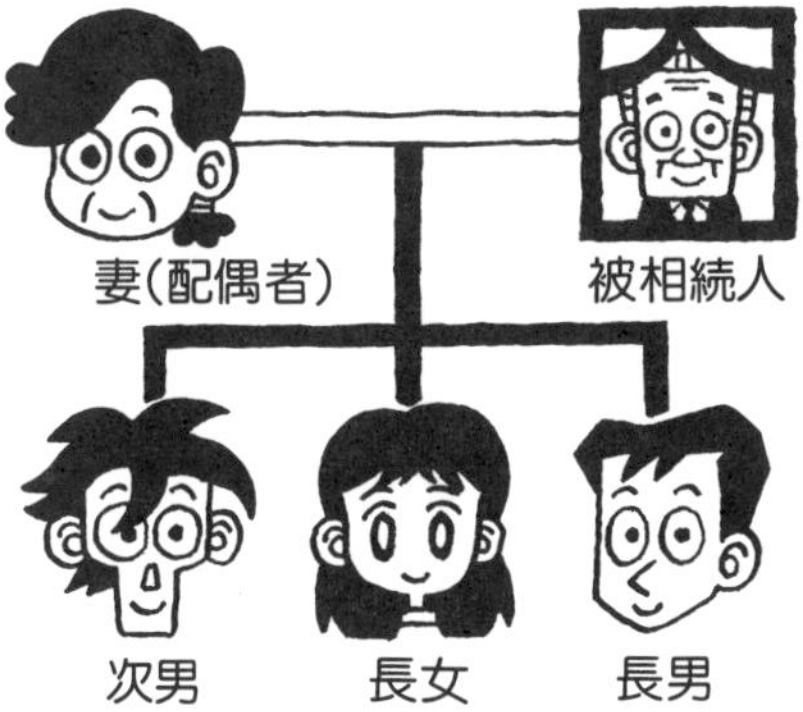

妻……………………………………$\frac{1}{2}$

長男・長女・次男……（各）$\frac{1}{2}\times\frac{1}{3}=\frac{1}{6}$

【2】相続放棄した子がいる場合

相続放棄（16ページ）をした者は、その相続に関してはじめから相続人とならなかったものとみなされます。その他の相続人だけで遺産を分割することになるのです。子の一人が相続放棄した場合、配偶者の相続分は影響を受けず、子の相続分だけが変わります。

相続放棄をした者の子は、親が相続するはずだった相続分を代襲相続（26ページ）することはできません。

子供が全員放棄して被相続人の親がいる場合には、配偶者が3分の2、親が3分の1を相続します。

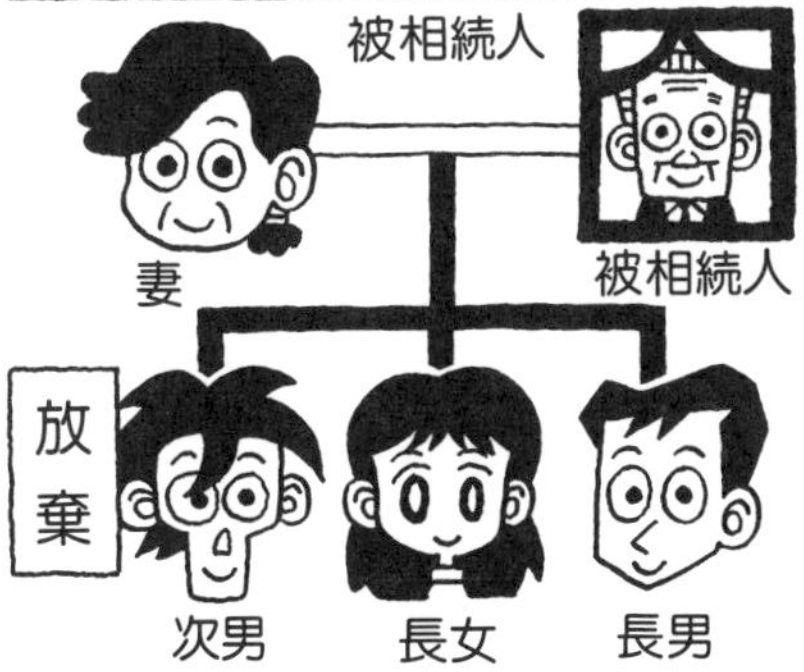

妻……………………………………$\frac{1}{2}$

長男・長女…………（各）$\frac{1}{2}\times\frac{1}{2}=\frac{1}{4}$

次男……………………………………0

【3】実子と養子がいる場合

養子とは法律上血縁があるのと同じにするということであり、実子と同じように取り扱われます（25ページ）。

左のケースのように被相続人に養子と実子がある場合でも、養子は実子と何ら変わることなく平等に取り扱われます。

これとは逆に、実子のうち誰かが養子に行ったというケースもあります。現在の法律では、養子に行った子も他の子と同じように実の親の遺産を相続することができます（ただし、特別養子制度による養子を除く）。

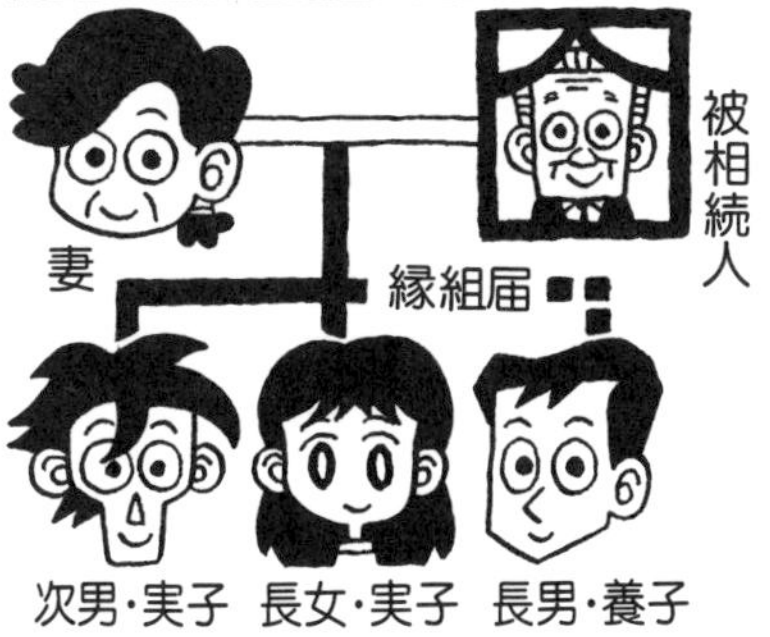

妻……………………………………$\frac{1}{2}$

養子の長男……………………$\frac{1}{2}\times\frac{1}{3}=\frac{1}{6}$

長女・次男…………（各）$\frac{1}{2}\times\frac{1}{3}=\frac{1}{6}$

【4】娘ムコがいる場合

ひとり娘にムコを取って家を継がせる――ということは広く行われていますが、現在の法律には「家を継ぐ」という制度はありませんし、そのため単に結婚して妻側の姓を名乗っても、妻の親の遺産を相続することはできません。ただし、左図のケースのように、ムコが結婚だけでなく、妻の親とも養子縁組をしたのであれば（養子は実子と同じ相続権を持つので）娘と同じ立場で親の遺産を相続し、被相続人の妻が2分の1、娘とムコ養子が残りの2分の1を半分ずつ相続します。

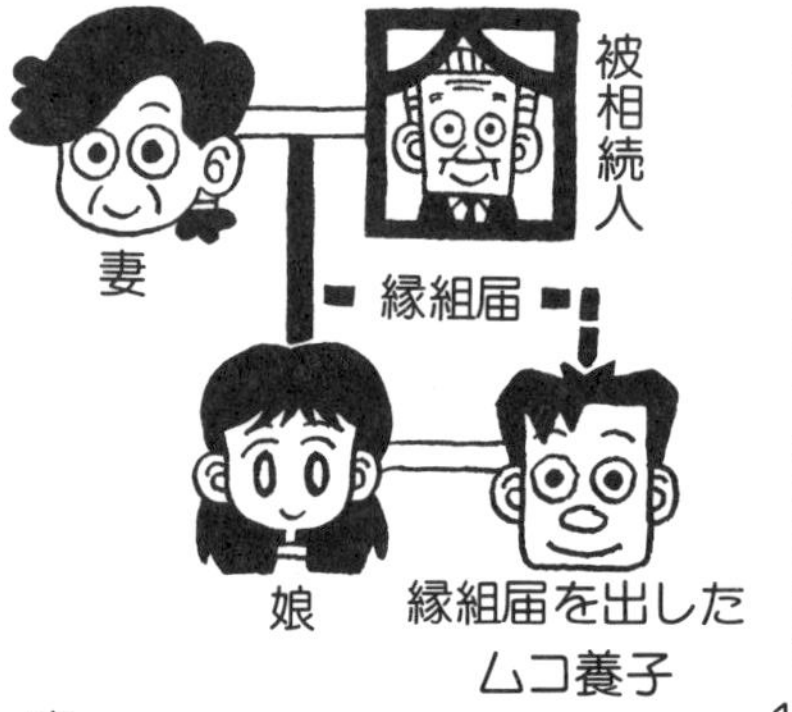

妻…………………………………… $\frac{1}{2}$

娘……………………… $\frac{1}{2}\times\frac{1}{2}=\frac{1}{4}$

娘の夫………………… $\frac{1}{2}\times\frac{1}{2}=\frac{1}{4}$

【5】孫が代襲相続をする場合

代襲相続（26ページ）とは、親が死亡または相続欠格・廃除（32ページ）で相続できないときに、子が親に代わって相続することです。

左図のケースでは、被相続人の長男が死亡しているので、長男の子（被相続人の孫）が代襲相続をします。長男の子は2人いるので、長男が相続するはずであった相続分を、さらに2分の1ずつ相続します。

なお、相続人が相続放棄した場合、その子（被相続人の孫）は代襲相続することができません。

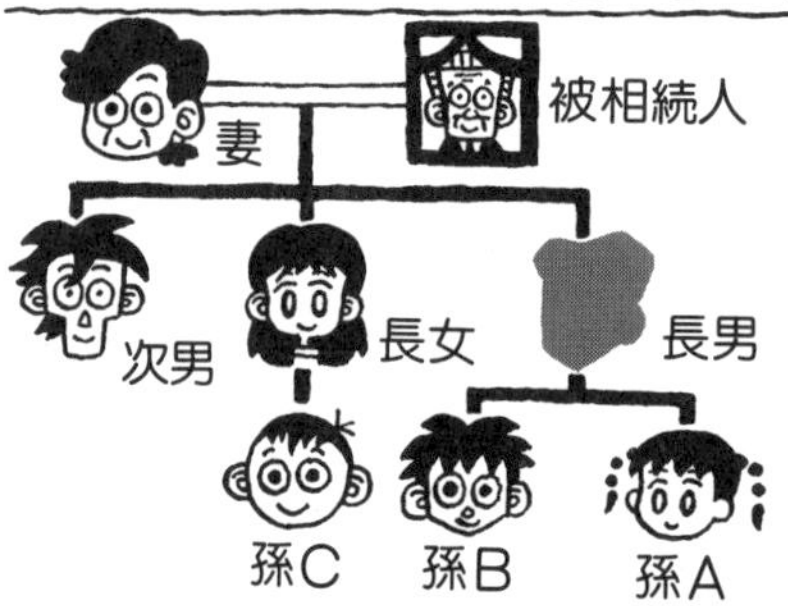

妻…………………………………… $\frac{1}{2}$

孫A・B(長男の子)……(各) $\frac{1}{2}\times\frac{1}{3}\times\frac{1}{2}=\frac{1}{12}$

長女・次男…………(各) $\frac{1}{2}\times\frac{1}{3}=\frac{1}{6}$

孫C(長女の子)………………………0

【6】孫だけで相続する場合

左図のケースのように被相続人の配偶者は死亡、子供たちも早死にしていて幼い孫たちだけが相続人となる場合があります。

被相続人の孫は、親に代わって親が相続するはずであった相続分を代襲相続（26ページ）するわけです。したがって、孫Aと孫Bは2人で親の相続分を、孫Cはひとりで親の相続分を代襲相続します。

このように、同じように被相続人の孫であっても、孫の数によってはその相続分が変わるのです。

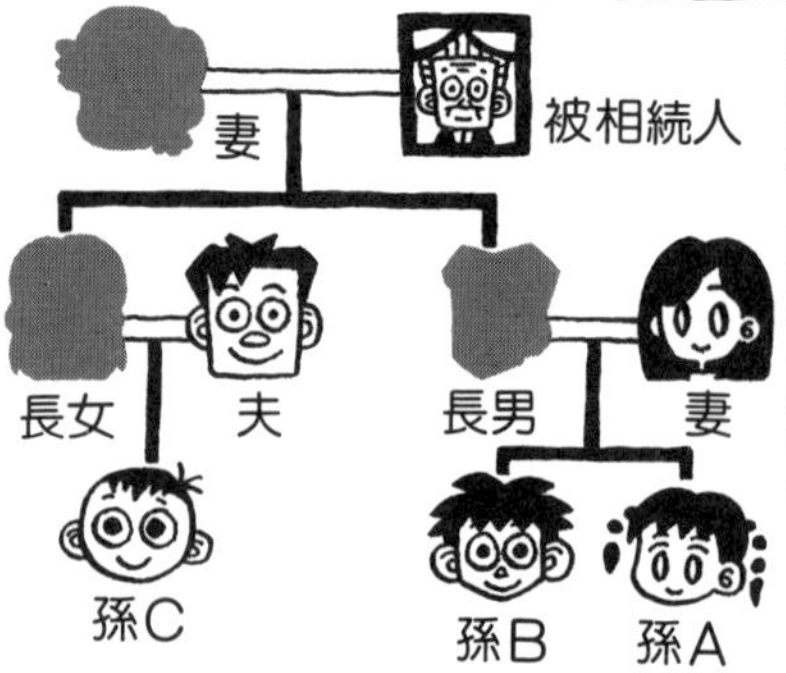

孫A・B……………(各) $\frac{1}{2}\times\frac{1}{2}=\frac{1}{4}$

孫C…………………………………… $\frac{1}{2}$

長男の妻・長女の夫……………なし

【7】愛人の子がいる場合

被相続人の妻以外の女性から生まれた子（非嫡出子）であっても、父親から認知されれば相続権を持ちます（25ページ）。非嫡出子でも相続分は嫡出子と同じです（38ページ下段…なお、母親からの相続では親子関係が明らかなので認知がなくても相続できます）。

もし、被相続人に嫡出の子がなければ、非嫡出子が子としての相続分をすべて相続することになります。

なお、愛人、内縁の妻は、どんな場合でも被相続人の相続人になることはできず、相続分はありません。

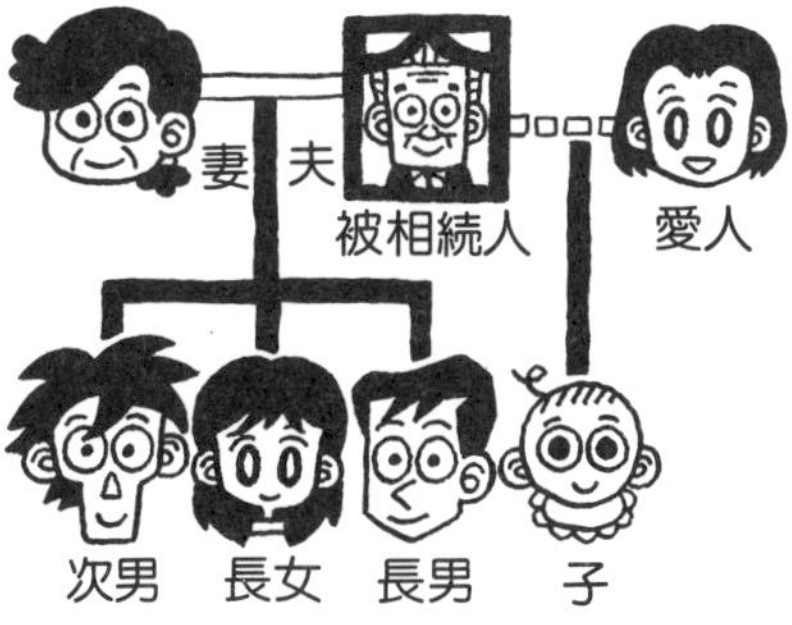

妻……………………………………………$\frac{1}{2}$
長男・長女・次男……（各）$\frac{1}{2}\times\frac{2}{7}=\frac{2}{14}$
愛人……………………………………なし
愛人の子………………$\frac{1}{2}\times\frac{1}{7}=\frac{1}{14}$

【8】親が相続人となる場合

血族の相続人としては子が第一順位であり、子が死亡などで相続できないときはその子（孫）が代襲相続をします。しかし、左図のケースのように、被相続人に子がなく、子の代襲者もいない場合は、第二順位である被相続人の親が相続人になります。このときの相続分は、配偶者が3分の2、親は3分の1です。

子も配偶者もいなければ、親がすべてを相続します。なお、親のどちらか一方が生きている限り、被相続人の祖父母に相続権はありません。

妻……………………………………………$\frac{2}{3}$
父・母……………………（各）$\frac{1}{3}\times\frac{1}{2}=\frac{1}{6}$
祖父・祖母……………………………なし

【9】兄弟姉妹が相続人となる場合

被相続人の兄弟姉妹が相続人となるのは、被相続人の子・孫・曾《ひ》孫および父母・祖父母のいずれもいないときに限られます。相続分は被相続人の妻が4分の3、残り4分の1を兄弟姉妹が均等に分割することになります。配偶者もいなければ、すべてを兄弟姉妹が相続します。

ただし、兄弟姉妹には遺留分（82ページ）がないため、遺言によって遺産を他の人にすべて遺贈されると相続はできないことになります。

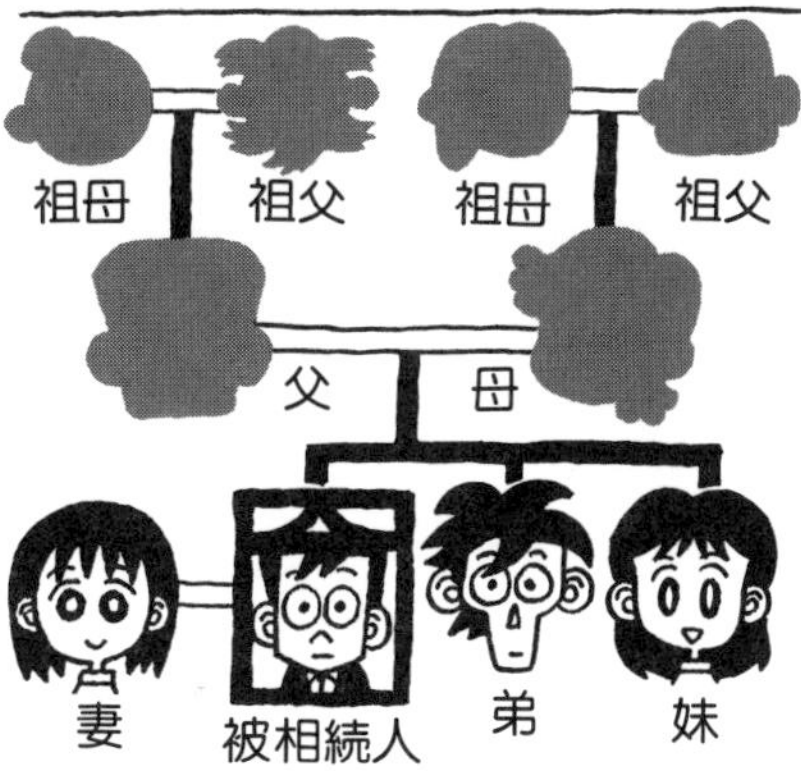

妻……………………………………………$\frac{3}{4}$
弟・妹……………………（各）$\frac{1}{4}\times\frac{1}{2}=\frac{1}{8}$

【10】オイ・メイが相続する場合

【9】で説明したように、被相続人の子・孫・曾《ひ》孫および父母・祖父母のいずれもいないときは、兄弟姉妹が相続人になります。さらに、兄弟姉妹に死亡している者がいて、その子（被相続人のオイ・メイ）がいる場合、オイ・メイが代襲相続（26ページ）することになります。代襲相続は親の相続分を親に代わって相続するのですから、左図のケースのように2人兄妹であれば、それを2分することになります。なおオイ・メイに遺留分（82ページ）はありません。

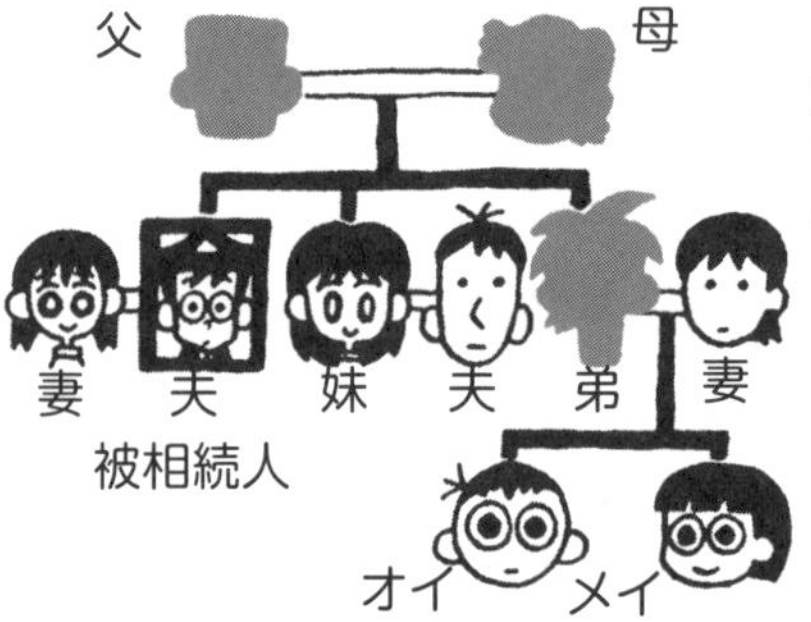

妻…………………………………………$\frac{3}{4}$

妹………………………………$\frac{1}{4}\times\frac{1}{2}=\frac{1}{8}$

オイ・メイ……(各)$\frac{1}{4}\times\frac{1}{2}\times\frac{1}{2}=\frac{1}{16}$

弟の妻・妹の夫……………………なし

【11】先妻の子と後妻の子がいる場合

被相続人に、先妻の子と後妻の子がいる場合があります。左のケースでは子にとって母は違いますが、父は共通でいずれも嫡出の子です。当然、相続分は子の数で等分されます。

なお、先妻の生存中に愛人の子として生まれ（非嫡出子）、後に愛人が後妻として正式の配偶者になった場合は、非嫡出子も嫡出子となります。これを準正といいますが、非嫡出子のままでも相続分は嫡出子と同じです。

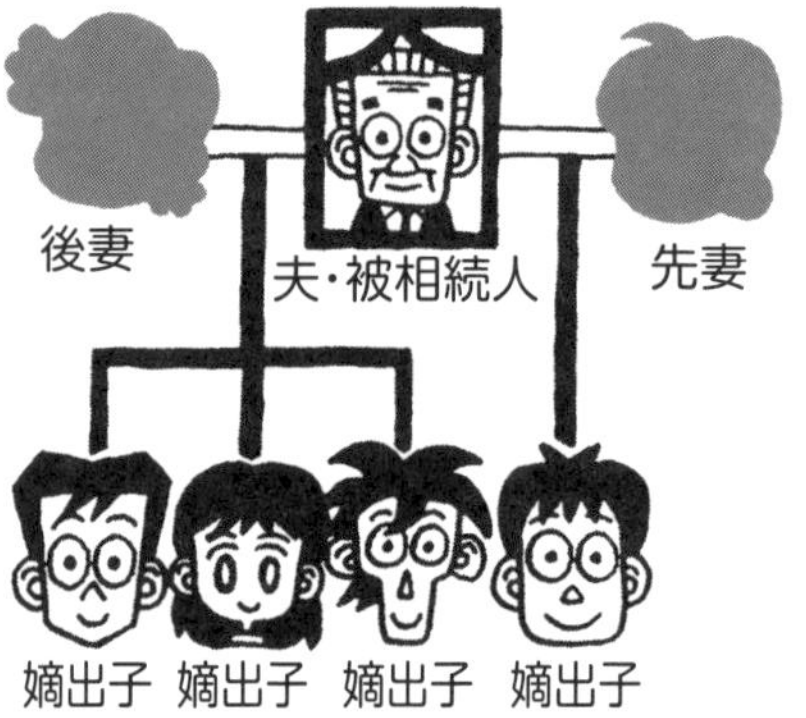

嫡出子の４人それぞれ……………$\frac{1}{4}$

【12】子と連れ子のいる場合

妻の連れ子は被相続人の子から見れば半血の兄弟姉妹ですが、被相続人から見れば継子であり法律上の親子関係はありません。姻戚関係にすぎず、継子に相続権は全くありません。

連れ子にも相続させたい場合は、被相続人の存命中に養子縁組をしておくか、遺言で遺贈をしておくことです。養子縁組をしておけば、養子となった連れ子も他の兄弟姉妹と同等の相続分を持ちます（【3】ならびに25ページ）。

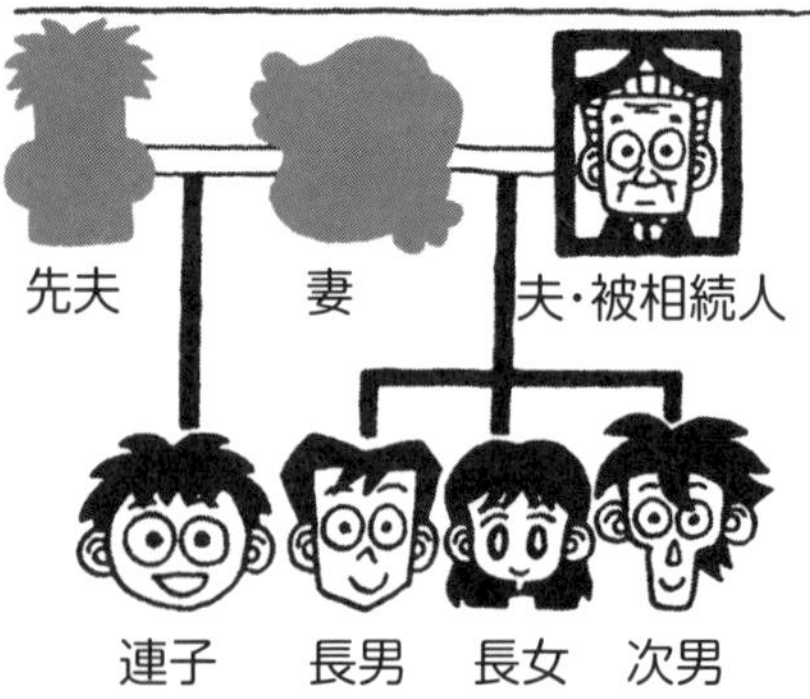

長男・長女・次男………………(各)$\frac{1}{3}$

連子…………………………………なし

先夫…………………………………なし

【13】胎児がいる場合

胎児は出生以前には人間としての権利能力を持っていませんが、生まれて子孫になることが予定されているため、すでに生まれたものとして相続人に加えます（25ページ）。

左図のケースでは胎児は兄・姉と同等の相続分を持ちます。ただし、死んで生まれた場合はこの規定は適用されません。

なお、相続人になれるのは人間のみで、会社や動物がなることはあり得ません。

■胎児が生きて産まれたとき

妻…$\frac{1}{2}$　長男・長女・胎児…(各)$\frac{1}{6}$

■胎児が死産のとき

妻………$\frac{1}{2}$　長男・長女………$\frac{1}{4}$

【14】実親と養親が相続する場合

被相続人に子供も配偶者もいないときは、第二順位の相続人である親が全財産を相続します。左図のケースは、その被相続人が養子であり、養い方の親も実方の親も健在であるというケースです。養子縁組をすると、法定血族として養親と養子の関係は実親と実子の関係と同様になります。他面、養子になった子は里との関係も切れず、実親実子の関係が残ります（特別養子制度による養子は別）。したがって、養父母も実父母も同等の割合で全員が相続することになるのです。

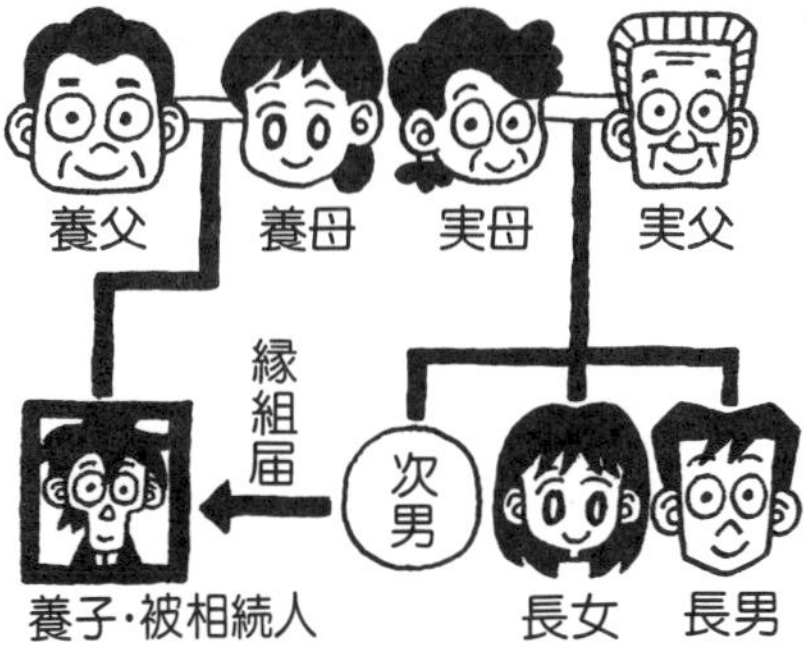

養父・養母…………………………(各)$\frac{1}{4}$

実父・実母…………………………(各)$\frac{1}{4}$

長男・長女……………………………なし

【15】相続廃除された子がいる場合

廃除とは、相続人になるべき者の相続権を失わせる手続きです（32ページ参照）。

廃除されると遺留分（82ページ）もなくなります。ただし、その者に子や孫があれば、子・孫が代襲相続（26ページ）することができます。代襲相続する者もいないときは、廃除された者は存在しないものとして遺産の分割が行われます。

なお、相続欠格（32ページ）となった者がいる場合も、同様です。

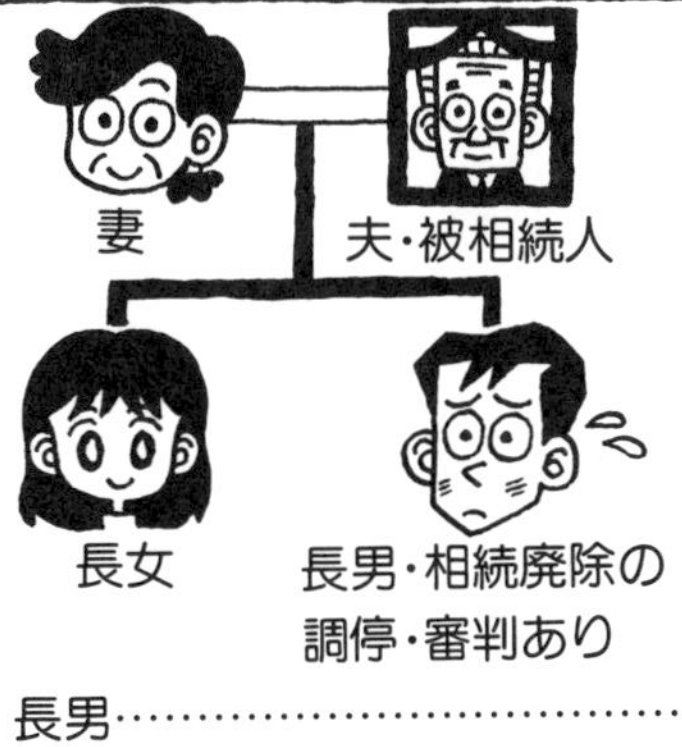

長男……………………………………0

妻……………………………………$\frac{1}{2}$

長女…………………………………$\frac{1}{2}$

3.実際の相続財産の分け方(遺産分割協議)

遺言がない場合は遺産分割協議で遺産分割をする
それはわかった
で
どうすりゃいいの?
まず誰と誰とで話合うかだけど法定相続人になる人だね。ということは家族・親族だろうから遺産分割協議といってもそんなにカタクルシイもんじゃない。
あーでもない
こーでもない
そうそう
えっ?!
話合いで全員が納得すればどのようにしてもかまわない。
納得
法定相続分にしばられることもないんだよ。
話合いがついたら遺産分割協議書(51ページ参照)を作成するんだ。
遺産分割協議書
だけどいろいろな事情で話合いがつかない場合もある。
そんなときは……
各種の法律相談(150ページ)を受けることだけど
実は
法律相談
それでもダメなら家庭裁判所に調停・審判を申立てることになるね(152ページ)。
家庭裁判所
申立

被相続人の死亡
（または失踪宣告）

共同相続

遺産分割協議

合意成立

遺産分割協議書作成

未成年者がいる場合

未成年者には法律行為能力がないので、法定代理人が代わって法律行為をします。代理人には原則として親権者（親）がなりますが、相続の場合、親権者も相続人であることがあります。そのようなときは、家庭裁判所に特別代理人を選任してもらう必要があります。

成年被後見人・被保佐人等がいる場合

成年被後見人が相続人である場合は、成年後見人が代わって手続きをします。

被保佐人・被補助人が相続人である場合は、保佐人・補助人の同意が必要です。家庭裁判所は、これらの同意に代わる許可を与えることもできます。

●遺産分割協議

遺言がない場合は、相続人間の話し合いによる遺産分割となります（遺産分割協議）。

分割協議は、相続開始後（被相続人の死亡または失踪宣告後）ならいつでもできます。相続人が一堂に会して行うのが普通ですが、書面の持ち回りなどでもかまいません。

協議は相続人全員の意思の合致によって成立します。多数決によることはできません。相続人たる地位に疑問のある者（婚姻外の子など）を無視した分割協議は、後日その者が相続人であることが確定すると無効になります。協議に参加させるか、相続人たる地位を得ることを予想した分割方針なりをたてておくべきです。

全員の意思の合致があれば、どのように遺産分割をしようと自由です。協議が成立したら遺産分割協議書を作成します（51ページ参照）。

※相続分皆無証明書とは何か

農業や商業を営んでいる場合、不動産などを相続人の中のひとりの単独名義にする便法として、「相続分皆無証明書」があります（20ページ参照）。遺産分割協議書作成や相続放棄の手続きを省略する簡単な方法として利用されていますが、濫用の危険性があり、後日の紛争のもとになりやすいとの批判もあります。

Q 法定相続分と異なる遺産分割は

遺産をどう分けるかは、遺言の指定があっても相続人全員で合意できれば自由です。とはいえ遺言をまるきり無視するのもはばかられますし、遺言のないときは法定相続の割合に沿って分割するのが普通のことです。

法定相続分は○分の△という規定の仕方をしていますが、現実的には各人の受取り分がこのようにキッチリと割り切れることはなく、若干の多少は出てきます。不動産のように高価なのに分けて相続しにくいものをどうするかでもめることもあります。話合いがつかなければ家庭裁判所に調停を申し立てます。

4. 生前贈与や遺贈を受けていたときは

相続人のひとりが生前贈与や遺贈を受けていたときは
贈与
10000
特別受益として相続分から差引くんだよ
どういうこと？
例えば家を買ったとき長男が父親に頭金の４００万円を出してもらっていたとする。
ほら
父上様♡
父親が死亡して２０００万円の財産が残ったとき
10000
お兄ちゃん家買うときお金もらったでしょ
生前贈与だね！
……！
生前贈与された４００万円を加えた２４００万円が相続財産の総額となり
相続財産
2000万円
400万円
その増えた総額で各人の相続分を計算し、生前贈与の分を差引いた分が長男の取分になる。
贈与400万円
400万円
800万円
800万円
３人の相続人で３分の１ずつの分割なら長男は４００万円になるわけさ。
遺贈（76ページ）は遺言でするものだからはじめから相続財産に含まれている。
商店は後継ぎの長男に遺贈する
遺言
遺贈を受けた相続人の場合もやはり遺贈分を差引いてそれ以外の財産を受取ることになる。

●特別受益とは何か

特別受益とは、相続人が生前贈与や遺贈を受けていた場合、他の相続人との公平を期するため、それを相続分から差し引く制度です。

ただし、生前贈与・遺贈が相続分より多くても相続分がゼロになるだけで、それを超える返還要求はできません。遺留分の侵害（82ページ）までであれば侵害分の支払請求ができますが、特別受益の持戻しとは別の問題です。

遺贈については、内容や性質の限定はなく、すべて特別受益となります。生前贈与については限定があります。すべての贈与が特別受益になるわけではないのです。

中学生のとき
親父にステレオを
買ってもらったんだけど
これも特別受益？
▲贈与のすべてが特別受益になるわけではありません。

●どんな生前贈与が特別受益となるか

特別受益となる贈与は次のようなものです。

①婚姻のための贈与

持参金、新居、道具類のほか、額によっては結納金や新婚旅行費用なども入ります。披露宴費用などは特別受益とならないでしょう。

②養子縁組のための贈与

①とほぼ同じように考えます。

③生計の資本としての贈与

これは、かなり広く考えられています。詳しくは下段をご覧下さい。

●生前贈与の有無と評価

生前贈与の有無は、贈与を受けた本人以外には分かりにくいものです。しかし、身内のことですから、調べれば、あるいは聞き出せば、事実が出てくることが多いようです。

特別受益となる生前贈与を相続財産に加えるといっても、10年前、20年前の贈与のこともあり、その評価の問題が生じます。法律上は、次のように定められています。

・現金の贈与、例えば1000万円の贈与があった場合は、今（相続開始時）でも現状、すなわち現金1000万円として計算します。

・土地や株式は、贈与を受けたあとで売ってしまったとしても、現物があるものとして、相続開始時の評価額・株価で計算します。

Q 特別受益に当たる贈与とは

民法九〇三条は、「婚姻、養子縁組のため若しくは生計の資本としての贈与」を特別受益としています。

①婚姻のための贈与持参金、新居、花嫁道具、結納金、新婚旅行の費用など

②養子縁組の贈与

持参金、新居、高額な道具類など

③生計の資本としての贈与

特に高額な学費、家、営業用の資産など

以上はあくまでも例です。何が特別受益になるかは、過去の判例や生活の実態を見て判断しなければなりません。

5. 寄与分があるとき

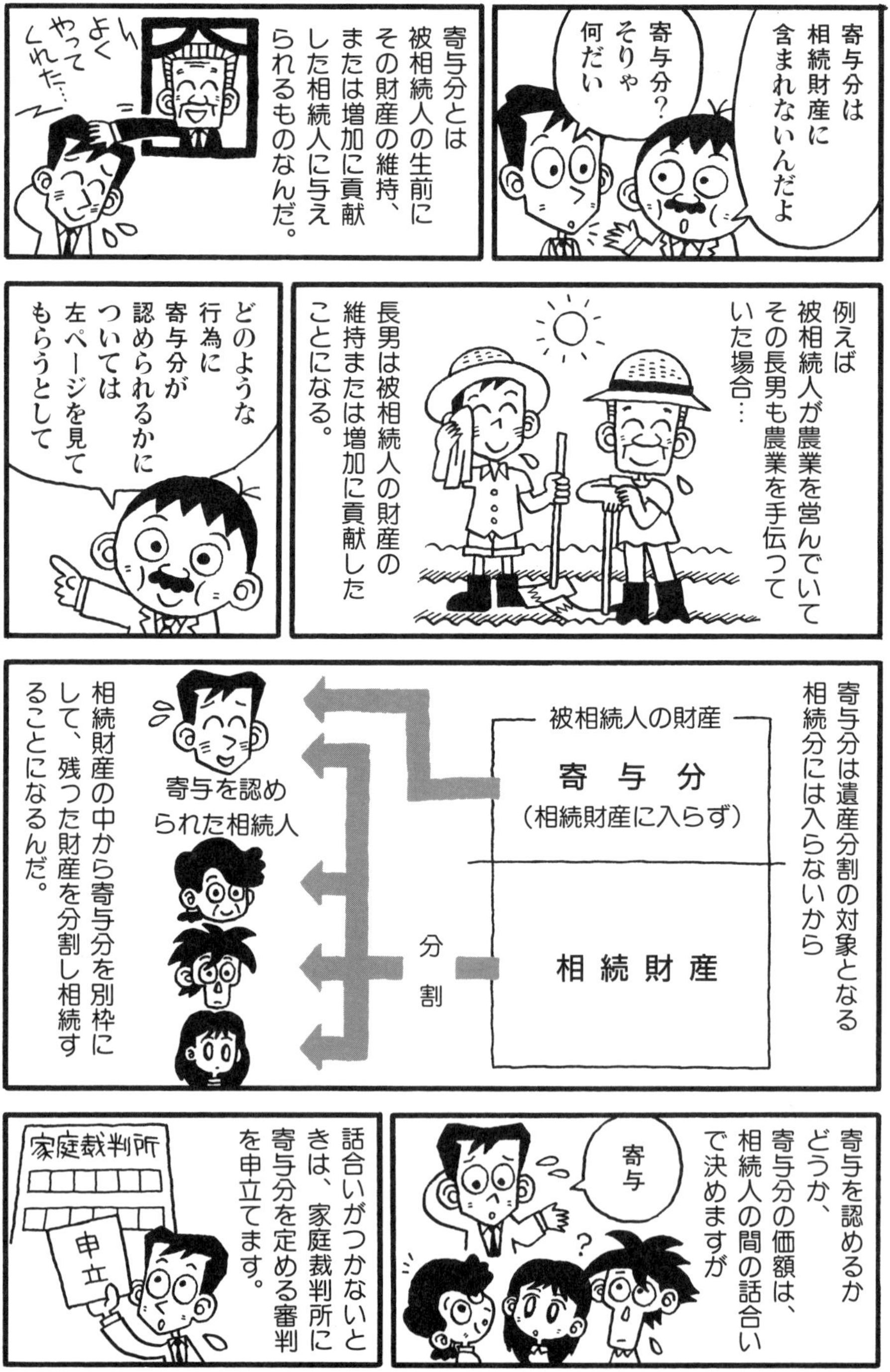

寄与分は相続財産に含まれないんだよ
寄与分？そりゃ何だい
寄与分とは被相続人の生前にその財産の維持、または増加に貢献した相続人に与えられるものなんだ。
よくやってくれた…
例えば被相続人が農業を営んでいてその長男も農業を手伝っていた場合…
長男は被相続人の財産の維持または増加に貢献したことになる。
どのような行為に寄与分が認められるかについては左ページを見てもらうとして
寄与分は遺産分割の対象となる相続分には入らないから
被相続人の財産
寄与分
（相続財産に入らず）
相続財産
分割
寄与を認められた相続人
相続財産の中から寄与分を別枠にして、残った財産を分割し相続することになるんだ。
寄与を認めるかどうか、寄与分の価額は、相続人の間の話合いで決めますが
寄与
話合いがつかないときは、家庭裁判所に寄与分を定める審判を申立てます。
家庭裁判所
申立

寄与分が認められるのは

1事業に関する労務の提供
魚源
2事業に関する財産上の給付
父さん これ使ってくれよ
3病気の被相続人の看護・介護
4その他

●寄与分とは何か

相続人には、相続分のほかに寄与分という取り分があります。

寄与分とは、被相続人の生前、その財産の維持または増加に特別の貢献をした相続人に与えられるものです。遺産分割協議で寄与分の額（あるいは割合）が定まれば、まずその部分を相続財産から取りのけて、残った部分で各相続人の受取り額を計算します。寄与分のある相続人は、その通常の相続分のほかに、取りのけておいた寄与分も含めて受け取ることになります。

※従来、寄与分は相続人にのみに与えられるものでしたが、法改正により、被相続人の介護に尽すなどした相続人以外の近親者（たとえば長男の嫁や被相続人の妹）も「特別寄与料」の支払いを請求できることになりました。

●寄与分となるのは

寄与分となる寄与の方法は、上のようなものです。家族として当然なレベルを超えた「特別の」貢献でなければなりませんし、給料など対価を得ていれば「特別の」貢献にはなりません。

寄与分を認めるかどうかは、相続人間の協議によります。それで決められなければ、寄与者の「寄与分を定める審判の申立」により家庭裁判所が審判を下します。

Q 寄与分はどのように計算されるのか

寄与分を生む主なものは、①彼相続人の看護・介護、②彼相続人が営む家業への従事、③彼相続人の事業への出資です。

①については、専門の看護・介護スタッフを雇った場合の費用が寄与分額を計算するベースとなります。②は、同じ業種・規模・年齢における平均賃金額などをベースとして考えます（なお、すでに対価として報酬を得ていたら寄与分は生じません）。③は、出してあげたお金の額や、使わせてあげた設備などの相場の賃貸料がベースです。

右のような基礎となる額に、親族としてある程度は手助けするのも当然ということによる割引率（裁量割合…〇・七前後）を掛けて、寄与分の金額を見積もっています。

6. 遺産分割協議書の作り方

遺産分割協議が成立したら遺産分割協議書を作成するんだ
協議成立
遺産分割協議書
一度作成した遺産分割協議書はやり直しができないので
こんな協議書作るんじゃなかった…
納得するまでよく話し合うことが必要だよ。
相続人の数だけ作成する
印鑑証明
遺産分割協議書
遺産分割協議書は相続人の数だけ作成し、全員の署名・押印をして各自1通ずつ保管する。押印する印は実印、印鑑証明を添付するのが通例だよ。
遺産分割協議書は、必ず作成しなくてはいけないわけではないけど
作っておいた方が安心だよ
遺産分割協議書
後日、協議の有無、内容についての紛争になった場合の証拠資料として作成しておくことが望ましいんだ。
登記
では遺産分割協議書を…
また相続による不動産などの所有権の移転登記をするなら添付書類として遺産分割協議書が必要になる。
一度作成したら絶対にやり直しはできないのかい？
原則としてね
ただし…
この子も相続人なんです
この遺産を忘れてた
相続人の一部を抜かした協議や相続人でない者を加えた分割は無効だから遺産分割協議は無効になる。
また、重要な遺産が漏れていた場合錯誤による分割協議として無効を主張できることもあるよ。

〔書式8〕遺産分割協議書

遺産分割協議書

令和□□年三月二〇日何某の死亡により、共同相続人甲・乙・丙は、その相続財産について、つぎの通り遺産分割の協議をした。

記

第一、相続財産中、東京都何区何町何丁目、地番何番地何、宅地、地積五五〇・五壱平方米は、甲の所有とすること。

第二、相続財産中、東京都何区何町何丁目何番地何、家屋番号何番何、木造瓦葺平家建居宅床面積壱〇〇・弐平方米の建物及び何局第何番の電話加入権一口は、乙の所有とすること。

第三、相続財産中、株式会社何々銀行の定期預金二口合計金何万円及び何々株式会社の株式何株は、丙の所有とすること。

第四、甲は丙に対して、別に何万円を贈与することを約した。

右協議の真正を証するため、この協議書三通を作成して署名押印し、各自一通宛保有する。

令和□□年七月二〇日

東京都　甲　㊞

東京都　乙　㊞

千葉県　丙　㊞

▶ポイント　分割協議の時期は、相続開始後ならいつでもできます。ただ、相続の承認放棄の考慮期間（3か月）中に分割協議した場合は、単純承認をしたものとみなされ、債務超過の遺産をも相続することになりかねないので要注意です。

7. 特別な場合の遺産分割の方法

特別な場合の遺産分割の方法について具体例をあげて説明しておくよ
特別と言ってもけっこうあるケースだよ

ケース1. 胎児がいるとき

お父さんが死んで相続人はお母さんと僕たち子ども3人だね

ちょっと待って！お母さんのおなかに赤ちゃんがいるのよ同じ兄弟なのにこの子に相続分はないの？

胎児は生まれたものとみなされ他の相続人同様の相続権があります。
ぼくも相続人だよ

問題は、胎児は遺産分割協議に参加できないということです。
ぼくの相続分は？
死産の可能性もあります。

現実的なのは生まれるまで待ち生まれてから代理人をたてて遺産分割協議をすることでしょう。
お待たせ

このケースでは母親も相続人なので子の代理人にはなれず（次ページ参照）、特別代理人を選任することになります（45ページ参照）。
特別代理人

ケース2. 相続人が海外に住んでいるとき

親父死んじまった
さあ遺産分割協議だ
秋子はどうする
あいつは結婚してアメリカにいるんだぜ
葬式のときは日本に帰って来たけど
遺産分割でまた呼ぶのか?
あいつの相続分は俺たちで適当に決めといてやろう
それはダメだよ
そうね…ちょっと無理ね
相続人のひとりが海外にいることもあるでしょう。帰国して遺産分割協議に参加できればいいのですが、それがままならないこともあります。
このようなときは財産管理人を代理人として遺産分割協議を行うのも一法です。
財産管理人
財産管理人の選任は家庭裁判所に申し立てます。
この代理人に、同じ相続人である兄弟姉妹がなることはできません(下段参照)。
俺が代理人になるよ
だからそれはダメなんだって!

Q 利益相反行為とはなにか

民法八二六条は「親権を行う父又は母とその子と利益が相反する行為については、その子のために特別代理人を選任しなければならない」としています。

父親が死亡した相続で、相続人に母親と未成年の子がいた場合、母親が子の法定代理人として遺産分割協議に加わると利益相反行為となります。

この場合、家庭裁判所に特別代理人の選任の請求をし、特別代理人が選任されてから遺産分割することになります。

特別代理人の選任手続きは煩雑なので、法定相続分で共有のまま相続することもあります。子が成長したのちにきちんと分割して渡すのです(最終的には母親からの相続で受け取れます)。

ケース3. 相続人が行方不明のとき

親父死んじまった
さあ遺産分割協議だ
三男の春雄がいないわ
あいつは4年前から行方不明で音信不通だよ
春雄は無視して遺産分割協議してしまおう
それはダメ！
50ページで説明したように相続人の一部を抜かした分割協議は無効です。
失踪宣告（14ページ参照）となる行方不明なら死亡したものとして遺産分割協議をすることができますが…
失踪宣告
死亡したことになる
それほどでない行方不明のときは、なんとかして捜し出さなくてはなりません。
しかし、どうしても不明の場合は他の相続人が利害関係人として
家庭裁判所
申立書
家庭裁判所に財産管理人の選任を申し立てます。
遺産分割協議はこの財産管理人を加えて行うことになります。
財産管理人
このケースは相続人のうちの一人が行方不明の場合です
相続人が全くいないケースについては28ページをご覧下さい

Q 不在者の財産管理人とはなにか

民法二五条一項は、不在者の財産管理について定めています。この選任の申立ては、利害関係人または検察官の請求で家庭裁判所に対して行うことになります。また、民法二八条は、不在者財産管理人の権限外行為の許可の申立てができるとしています。

財産管理人の選任は、家庭裁判所の審判手続きで行われ、管轄は不在者の住所地の家庭裁判所ということになります。

財産管理人は、財産目録の調製、財産状況報告・管理計算の報告等を家庭裁判所から命ぜられます。遺産分割に関しては、遺産分割協議を許可するというやり方と遺産分割協議書を審判書に引用して遺産分割を許可するやり方とがあります。

ケース4.遺産分割後に認知された子が現われたとき

遺産分割協議成立
協議書も作成した
めでたしめでたし
あの…スミマセン…
この子も認知されていて相続人なんです
婚姻外の子（非嫡出子）でも父から認知されれば、その父から相続できます（25ページ参照）。相続開始前に認知された子がいることを知っていたら遺産分割協議に参加させなくてはなりません。
認知され戸籍に記載された子が現われたときは遺産分割協議をやり直すことになります（50ページ参照）。
やり直し
遺産
分割
認知された子の立場で言えば、相続回復請求権によって分割のやり直しを求めることができます。
私の相続分…
認知された子が相続の開始を知らなかったということもあります。
えっ
お父さん死んでたの⁉
相続回復請求権の時効（民八八四条）は相続開始を知ったときから5年、相続開始後20年で時効消滅となります。

Q 相続開始後に認知された子の相続は

相続は被相続人の死亡によって開始します。この時、相続人に遺産相続の権利が発生するのです。このように相続開始時に相続資格を取得するのが大多数ですが、場合によっては相続がはじまった後に相続資格を取得することがあります。

例えば、父親死亡後に認知の訴えを起こして認知された場合、父親生存中から認知請求していたが死後に認められた場合、遺言で認知されていた場合などがあります。

そのようなケースでは遺産分割前に認知されたのであれば遺産分割協議に加わることができますが、すでに分割その他の処分がなされていれば、価額（金銭）による支払いの請求しかできないことになっています（民法九一〇条）。

相続財産の総額を算出するには

（これは税務上の評価額とは別です。
税務上の評価額については126ページをご覧下さい。）

農地・山林 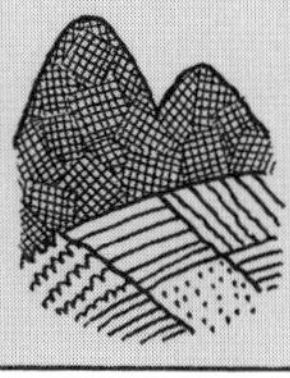	土地家屋などの不動産 	自動車など 	電話加入権 	貸金債権 売掛金債権
時価で評価	時価で評価	中古価格で評価	売り渡す場合の価格	債権額で評価、利子なども含む

裁判上の損害賠償請求権	特許権 実用新案権 商標権など	貴金属 骨董など	株式 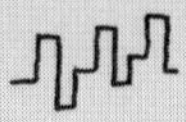	退職金 	生命保険金 	預貯金 現金 
権利は相続人が承継するが、金額については判決が出るまで決まらない	専門家に評価を頼むとよい	時価で評価	時価で評価	時価で換算	金額は死亡一時金の額だが、受取人が誰になっていたかが問題になる	金額そのもので評価

※遺産分割における遺産の総額は、
（各種の財産）－（寄与分の額）－（債務）＋（相続人に対する生前贈与額）で算出し、これに各人の相続分をかけて各相続人の相続額を出します。

※その際、いろいろな財産の価額がいくらになるかは、現金・預貯金などは別として、難しいものです。どうしても相続人間で話し合いがつかないときは、家庭裁判所に遺産分割の調停の申立をします。家庭裁判所では、専門家に鑑定を依頼するなどして、財産の価額を示してくれます。

第三章・各種財産と相続の仕方

1. 不動産（土地・家屋）を相続するとき

土地・建物の価格は動産類よりも高額なのが普通で不動産が相続財産の中で大きな割合、というより、その主要部分を占めることが少なくありません。
相続財産
たいていは分けて使うことが難しかったり
分けると価値がいちじるしく下がることがあります。
それだけに不動産の相続をめぐっての争いが一番多いのです。
相続♡
遺留分侵害だ……！
たとえば、唯一の財産が土地・家屋のとき、数人の相続人のうちの一人が遺言によりそれを相続することになると、他の相続人の相続分は、ないことになります。
それでも一人で相続するということになれば
いらない
放棄
いらない
放棄
他の相続人に相続放棄（16ページ）してもらうか…
相続人全員が同意して、一人に相続させるという遺産分割協議書（44ページ）を作成するなどの手続きが必要です。
遺産分割協議書
土地・家屋を相続するときは地方法務局で相続による所有権移転登記をします。
所有権移転登記申請書
地方法務局
本支局・出張所
登記は強制ではありませんが早い方が安全です。

●不動産（土地・家屋）の相続の手続き

◇手続き……相続による所有権移転登記

◇手続き先……地方法務局（本支局・出張所）

◇必要な書類……・所有権移転登記申請書
・戸籍謄本（相続人）
・除籍謄本（被相続人）（※）
・住民票抄本（相続人）
・登記事項証明書（登記簿謄本）
・固定資産課税評価証明書

☆数人の相続人のうちの一人の名義にするときは、他の相続人の相続放棄申述受理証明書、または印鑑証明を添付した相続分の存しない旨の証明書、もしくは遺産分割協議書が必要。

●遺産の名義変更に必要となる被相続人の戸籍

上にあげた「◇必要な書類」のうち「除籍謄本（被相続人）」は、紙面の都合で簡略化して書いてありますが、正確には「被相続人の出生から死亡まで連続した戸籍（または除籍）謄本」です（これ以降その意味でお読みください）。

「出生から死亡まで連続」とは、まず出生時に父母の戸籍に入り、結婚で夫婦の新戸籍を作り、離婚などで本籍地を別の市区町村に変えると（転籍）また戸籍も新しくなる…という転移を死亡時の戸籍から逆にたどってつなぐのです。そのどこにも婚外子が記載されていないことを確かめ、相続人を確定する作業です。

遺産分割協議による所有権移転登記

登記申請書

登記の目的　所有権移転
原　　因　平成何年何月何日相続
相 続 人　（被相続人　甲 野 太 郎）
何市何町一丁目１番１号
甲 野 一 郎

添付書類
登記原因証明情報　住所証明書
代理権限証書　申請書の写し
□登記識別情報の通知を希望しません。
令和○年○月○日　申請　○○地方法務局　○○出張所　御中
代理人　何市何町二丁目２番２号
司法書士　西 野 三 郎 ㊞
連絡先の電話番号○○（○○○○）○○○○
課税価格　金何円
登録免許税　金何円

不動産の表示
所　　在　○○市○○丁目
地　　番　○番○
地　　目　宅地
地　　積　○○.○○㎡

Q 抵当権つきの不動産の相続は

被相続人が債務者で、担保として自分の不動産に抵当権を設定している場合、相続人は被相続人の地位を承継しますので、債務も抵当権のついた不動産も相続します。

この債務は相続人が支払うか、支払いができない場合には抵当権のついた不動産を競売するという手段が債権者にあることになります。

なお、この債務の負担は各相続人が相続分に応じて負担することになります。場合によっては、抵当権のついた不動産を売却して債務の返済に当てることも考えていいでしょうが、債務が多額の場合には、相続放棄や限定承認も考えて下さい。

※被相続人が亡くなり除籍されても、配偶者などがまだその戸籍の中にいれば「戸籍」謄本。「除籍簿」となるのは戸籍がカラになったときです。

2. 借地権・借家権を相続するとき

財産上の権利
借地(借家)契約書
借地権、借家権は財産上の権利であり相続されるのは当然です。
借地上に建てた家や借家に住んでいた家族で借地・借家契約の名義人である世帯主などが死亡した場合、借地・借家契約は相続され、家族はそのままその家で生活できます。
借地権
ガクッ
借家権
相続
ホッ
手続きとしては地主・家主のところへ行って契約書の名義を書換えてもらうことです。
賃貸契約書
名義人
要求されれば
戸籍謄本(相続人)
除籍謄本(被相続人)
そのとき地主・家主に名義書換料を請求されても法律上、払うことはありません。
問題となるのは被相続人と同居していなかった相続人が被相続人の借地権・借家権を相続できるかということです。
借地・借家
名義人死亡
相続して俺のものだ♡
住んでなかったくせに!
地主・家主
相続人
このようなケースでも、相続人は借地権借家権を相続することができます。
バンザイ
もうひとつ内縁の妻は借地権・借家権を相続できるのかというのも問題となることがあります

内縁の妻に相続権は
ありませんが
結論から言うと
ホッ
借地権
借家権
内縁の妻も
借地権・借家権を
承継できます。
問題となるのは
相続権を持つ被相
続人の妻子などが
借地権
借家権は
私たちの
ものだ！
と言ってきた
場合です。
居住用の借家の場合
内縁の妻に借地借家
法上の居住権が認め
られます。
居住権
借家権
借地の場合は
ケースによりますが
建物は
私の名義
借地上の建物が
内縁の妻の名義に
なっていれば
内縁の妻が承継する
ことになるでしょう。

●内縁の妻は借家権を承継できるか

内縁の妻には、相続権がありません。しかし被相続人と同居して事実上の夫婦関係が続いていた内縁の妻には、相続権はなくとも借地借家法で借家権の承継が認められています。

ただし、これには条件があります。他に相続権者がいないこと、借家が居住用であることです（借地借家法36条1項）。

他に相続人がいた場合、借地借家法の規定は適用されませんから相続人との話合いで借家権の承継を認めてもらうことになります。

●内縁の妻は借地権を相続できるか

借地権の場合は、右の借家権の場合のような内縁の妻の居住権を認める民法の例外規定がありません。しかし、借地上の建物を内縁の妻名義にすることによって、借地権を相続したのに近いような効果を得る方法がないわけではありません。被相続人が生きているあいだに借地上の建物を内縁の妻名義にしておくか、遺言に借地上の建物は内縁の妻に贈与するとはっきり書いてあれば、建物の所有者は内縁の妻です。そうであれば、たとえ被相続人の相続権者であっても借地権を要求することは難しくなるのです。

あとは地主との関係ですが、念のため名義変更料を払って名義変更を承諾してもらっておけば、ほとんど心配はいらなくなるでしょう。

Q 借地の名義書換料を要求された

相続の場合に地主が名義書換料を要求してきても相続人は支払う必要はありません。

また、これとは逆に地主の側に相続が起きて、地主が子供等へ代わる場合があります。この場合、地主が代わったから名義書換料を支払えと言われても支払う必要はありません。

なお、気を付けなければならないのは、相続した借地権を譲渡する場合です。これには必ず地主の承諾が必要で、話合いにより、承諾料を支払うのが一般的です。地主が承諾しない場合、裁判所に申し立てて地主の承諾に代わる許可を得れば譲渡できますが、裁判所は許可の条件として地主に対して金銭の支払いを命ずることがあります。

3.農地を子の一人に相続させたいとき

農地の相続といっても手続きそのものは土地・家屋の相続の場合とほぼ同じで特に難しいものではありません。
問題となるのは
財産の大部分は農地だが
農地は農業を継いでくれる長男に全部相続させたい…
農地の相続でよくあるケースです。
民法の相続法上相続人である子には平等の相続分があります。
農地法
民法
ズルイ!
しかし、農地法では農地を所有するのは耕作者という大原則があります。
一番いいのは被相続人の死後、遺産分割協議(44ページ参照)で長男に農地をすべて相続させるという話合いがまとまることです。
父さんのあと継いで頑張って!
遺産分割協議書
うんありがとう
う〜〜んそんなふうにうまくいけばいいのだが…
心配なら生きているうちに何らかの対策をしておくことです
◆対策①公正証書で遺言を作り農地はすべて長男に相続させるという遺言書を作っておく
◆対策②農地をすべて長男に生前贈与しておく
遺言状 農地は長男に…
遺言
おまえにやる
生前贈与
農地は大きな財産ですから弁護士・税理士など専門家に相談することです

●農地・山林の相続の手続き

◇手続き……相続による所有権移転登記
◇手続き先……地方法務局（本支局・出張所）
◇必要な書類……所有権移転登記申請書
・戸籍謄本（相続人）
・除籍謄本（被相続人）
・住民票抄本（相続人）
・固定資産課税台帳謄本

☆農地を相続した相続人は農業委員会に届出をしなければなりません（売却や転用と違い許可は不要…農地法3条12号）。

●農地相続の問題点

相続法の規定では、相続人である子の相続分は平等です。例えば、農業を継ぐ長男も、東京でサラリーマンをしている次男も、結婚した長女も、同じ割合で相続することになります。

しかし、農地法では、農地は自ら耕作する者が所有することが大原則となっています。もし仮に、農地を先の三人が等分に相続したとしても、次男・長女に農業経営は事実上不可能ですし、農地を売ることも農地法上困難（知事などの許可が必要）です。だからといって、長男が次男・長女の相続分である農地を金で買取るというのも、あまりに重い負担となります。

農業経営の継続のためには、このようなことを見越して、何らかの対策が必要でしょう。

●被相続人存命中の農地相続対策

◇対策❶

公証人役場で公正証書で遺言を作り、長男に農地を相続させるという遺言をしておく（公正証書遺言➡92ページ参照）。

ただし、この方法では、他の相続人から遺留分（82ページ）の侵害額を払えという請求があると、長男は払わなくてはならなくなります。

したがって、この方法を完全にするためには、被相続人の生存中に、他の相続人を納得させて遺留分放棄をさせておく必要があります。

◇対策❷

農地は全部、長男に生前贈与してしまう。この方法の利点は、農地を贈与した結果、他の相続人の遺留分を侵害していても、あとからこれに対して他の相続人が文句をつけるということが（裁判上の手続きが必要で、時間と費用がかかり大変なため）事実上困難だということです。他の相続人にも農地以外の財産をある程度残しておけば、それでうまく片がつくことが多いのです（74ページ参照）。

この方法には、相続税より高率の贈与税の課税を受けるという難点があります。ただ、農地の承継の場合は、一定の条件のもとに贈与税の納税の猶予を認めるなどの特例措置がありますので、税理士などに相談をしてみることです。

Q 相続で農地の評価はどうなるか

農地を評価（遺産の価額算定）する場合、①純農地、②中間農地、③市街地周辺農地、④市街地農地の区分があります。

①②の価額は、その農地の固定資産税評価額に、国税局長の定めた一定の倍率を乗じて計算した金額によって評価します。

④の価額は、その農地が宅地である場合の一平方メートル当りの価額から、その農地を宅地に転用する場合において、通常必要と認められる一平方メートル当りの造成費の金額を控除した価額によって評価します。③の価額は、④の評価価額の八〇パーセントです。

なお、農地が生産緑地である場合は、一定の割合で区分に応じて評価減が行われます。

4.各種事業を相続するとき

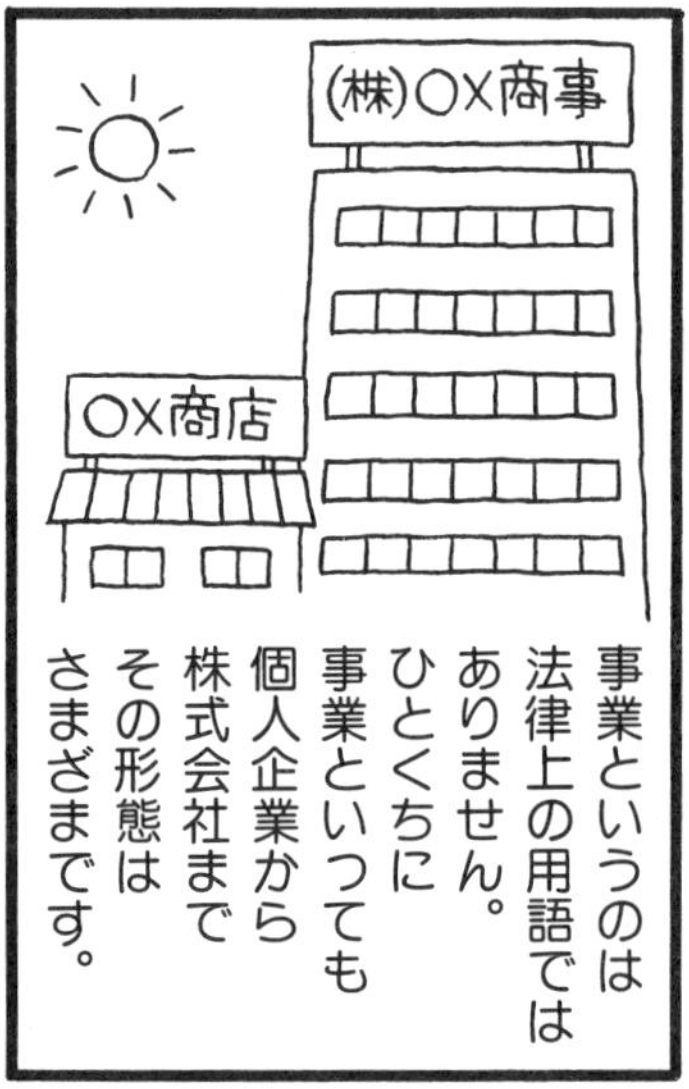
(株)○×商事
○×商店
事業というのは
法律上の用語では
ありません。
ひとくちに
事業といっても
個人企業から
株式会社まで
その形態は
さまざまです。

株式会社や有限会社(※)の相続は、株式会社の場合は株式の相続、有限会社の場合は出資の持分の相続ということになります。
株式会社
株券
有限会社
出資持分
被相続人が会社の株式あるいは出資持分のすべてを所有している場合、外見上は事業そのものを相続したように見えますが、そのような場合も、株式、出資持分の相続なのです。

会社とは
所有者とは別の
人格(法人)として
権利を持ち、
義務を負うものです。
所有者
法人
私は私！
したがって
会社所有の不動産の
移転登記などは
必要なく
株式の名義だけを
書換えれば
よいのです。

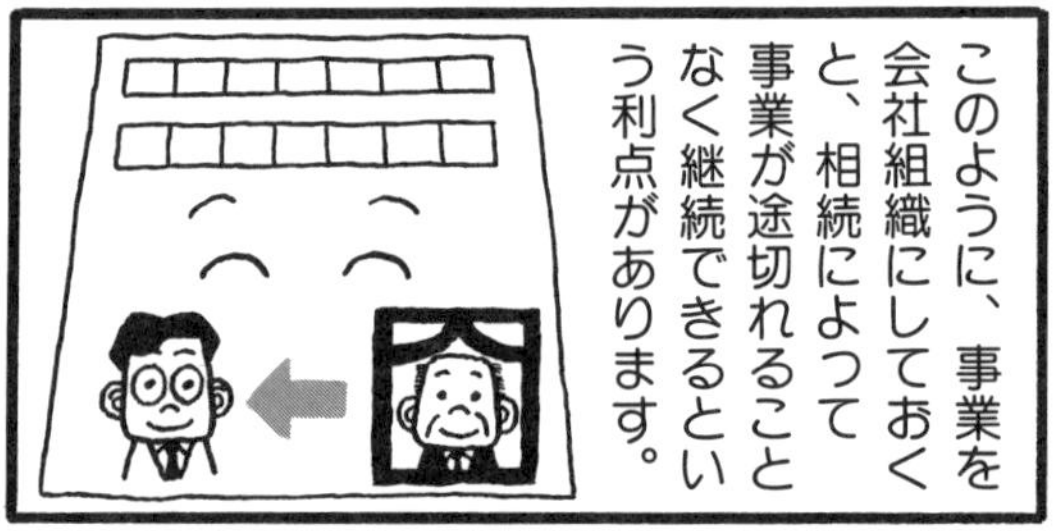
このように、事業を会社組織にしておくと、相続によって事業が途切れることなく継続できるという利点があります。

これに対し
個人企業の相続は
一般の相続と同じで
相続財産ごとに
手続きが必要です。
次のページで説明します

Q 株式の相続税の評価は

上場企業の株式の場合、その株式が上場されている証券取引所が公表する次の四つの価格のうち、最も低い金額によって計算することになります。

①相続開始の日の最終価格（終値）
②相続開始の日を含む月の毎日の終値の平均額
③その前月の毎日の終値の平均額
④その前々月の毎日の終値の平均額

また、取引相場のない株式は、その評価方法は大・中・小の会社規模によって区分され、原則的には大会社に該当する株式は類似業種比準方式で、小会社に該当する株式は準資産価額方式で、中会社に該当する株式は類似業種比準方式と準資産価額方式とを併用して評価することになっています。

※2006年5月1日以降は法改正で株式会社とされましたが、既存のものは「特例有限会社」として存続も可。近い形態として合同会社を新設。

5. 個人企業を相続するとき

個人企業の相続は一般の相続と同じで相続財産ごとに手続きが必要です。たとえば次のような財産です。

・特許権、実用新案権、意匠権、商標権
・電話加入権
・営業上の訴訟
・土地建物などの不動産
・借地権・借家権
・自動車、機械設備、商品などの動産
・売掛金債権、貸金債権
・商売上の債務

それぞれの財産の相続手続きはこの章の各項をご覧下さい。

そのほか商売上の「のれん」が相続財産となる場合があります。

「のれん」が独立した財産であるかどうかは議論のあるところでしょうが

実際に「のれん」が世間の信用・評価を左右するものであるとすれば「営業権」とでも言うべき財産となるでしょう。

個人企業で相続人が数人いると分割することで事業がバラバラになってしまうこともあります。

事業の継続のため被相続人の存命中からの相続対策などが必要かもしれません。

Q 個人営業で相続税の問題点は

個人営業の場合、営業用財産をどう評価するかが大きな問題です。営業用財産は、営業用設備、商品、製品、半製品、営業上の債権債務、預貯金などが財産として評価されます。さらに、その営業に超過利益があるときは営業権をも評価され相続財産に加算されます。

評価は相続開始の時の財産の現況の価額によることになるのですが、その適正な時価の評価となると容易ではありません。

結局、税理士に相談する等の方法によることになりますが、最終的には税務署の認定になります。なお、この認定は「相続税財産評価に関する基本通達（評通）」によっており、この通達は適正な評価を主眼に置いていますが、実際の評価となると容易ではありません。

6. いろいろな財産を相続するとき

※令和2年4月1日現在に出願した場合。それより前の出願については短くなるものがあります。

特許権 実用新案権 意匠権 商標権

◆手続き
相続による移転登録申請
◆手続き先／特許庁登録課
◆必要な書類
・移転登録申請書
・戸籍謄本（相続人）
・除籍謄本（被相続人）
◆手続き費用
一件につき　3000円
☆各種権利の存続期間(※)は
・特許権
　出願の日から20年
・実用新案権
　出願の日から10年
・意匠権
　出願の日から25年
・商標権
　設定登録の日から10年
＊ただし、商標権については更新が可能です。

電話加入権

◆手続き
加入権承継手続き
◆手続き先／電話局
◆必要な書類
・電話加入承継申込書
・戸籍謄本（相続人）
・除籍謄本（被相続人）
◆手続き費用なし
☆相続人は未納料金も引き継ぐことになります。

退職金

◆手続き
死亡退職金支払請求
◆手続き先／会社
◆必要な書類
・戸籍謄本（相続人）
・除籍謄本（被相続人）
・退職金領収書
◆手続き費用なし

自動車

◆手続き／移転登録
（道路運送車両法13条）
◆手続き先／陸運事務所
◆必要な書類
・移転登録申請書
・自動車検査証(有効なもの)
・自動車検査証記入申請書
・戸籍謄本（相続人）
・除籍謄本（被相続人）
・自動車損害賠償責任保険証明書（提示のみ）
◆手続き費用
一車両につき　500円
☆運送業等の場合は相続人が新たに国土交通大臣の認可を受けなければなりません。

Q 形見分けも遺産分割か

「形見分け」は、日本古来の風習による相続の一つですが、遺産分割の際の相続財産にあたるかが問題となります。故人が長く愛用していた品物、着用していた衣服など故人をしのぶ品々を分け合うことは、遺産分割と考える必要はなく、あえて相続財産の処分と考えることはないでしょう。

例えば、母が亡くなり子供の一人が形見として日頃愛用していた着物を貰う場合などがこれに当たります。

ただし、古物としても何万円以上の値がつくようなものは注意が必要です。

その他の動産

◆手続き
占有を確保すること

売掛金債権

◆手続き／相続通知など
◆手続き先／債務者
◆必要な書類
債務（残高）確認をとる
◆手続き費用なし

貸金債権

◆手続き／相続通知など
◆手続き先／債務者
◆必要な書類
金銭消費貸借契約書の訂正、または債務確認証をとる。

◆手続き費用なし
☆相続人確定より6カ月以内は時効にかかりません。

裁判上の地位

◆手続き　訴訟の受継申立て（弁護士を訴訟代理人としている場合は必要なし）
◆手続き先……裁判所
◆必要な書類
・戸籍謄本（相続人）
・訴訟受継の申立書
◆手続き費用なし
☆例えば、交通事故で死亡した被相続人の損害賠償請求を遺族が相続して争うようなケース。そのほか、被相続人の生前からの土地売買の争い・隣家と地境の訴訟なども、土地の相続が起これば相続人が引き続いて争うことになります。

生命保険金

◆手続き
生命保険金交付申請
◆手続き先
生命保険会社
◆必要な書類
・生命保険証
・生命保険金請求書
・死亡診断書
・戸籍謄本（相続人）
・除籍謄本（被相続人）
・印鑑証明書（相続人）
・領収書
◆手続き費用なし
☆生命保険金が相続財産の中にはいるかどうかは、①受取人が誰になっているか、②生命保険料の支払いを一種の贈与・遺贈と見るか、などを考慮して判断されます（下段参照）。

Q 生命保険の給付金も遺産分割の対象か

被相続人が、自分自身を被保険者および受取人とする保険契約を結んでいた場合には、相続人は被相続人の保険金請求権を相続によって取得し、保険金は相続財産の一部分となり、相続人全員が相続することになります。

しかし、被相続人が生前妻または子を保険金受取人として指定している場合があります。この場合、受取人は当初から保険契約に基づいて定められており、相続によって取得するものではなく、従って保険金は相続財産の中には入りません。

7. 預金・貯金を相続するとき

被相続人名義の
銀行預金、
郵便貯金も
相続財産です。
○×銀行
○×銀行
郵便局
〒
相続人は
名義変更の手続きを
して、それぞれ承継
することができます。
名義変更
BANK
山田太郎
BANK
山田進
しかし
銀行や郵便局は
被相続人の死亡を
知っているわけでは
ありませんから
単に通帳と印鑑、
またはカードを
持って来た人に
支払ってしまう
可能性があります。
うひひひひ…
¥
ピタッ
差し止め
銀行
そのような可能性が
あるときは、
銀行や郵便局に行き
遺産分割協議が
まだできていない
ことを話して
支払いの差止めを
してもらうことです。
必要があれば
裁判所に相続財産の
保全処分を申し立て
ます。
相続による
預貯金の名義変更、
払戻し請求を
しようとすると
遺産分割協議書
相続人の方全員の
印鑑証明と住民票
戸籍謄本と
除籍謄本…
たくさんの書類が
必要になります。
事前に
銀行や郵便局に
確認して準備して
行くことです。

Q 株式の相続はどうするか

昔は紙に印刷した株券が家の金庫の中に積んであるようなこともありましたが、いまでは市場で買うことのできる株はすべて電子化されて、証券保管振替機構（通称「ほふり」）のコンピューターの中で管理されています（国債や社債などの債券類もそうなっているか、信託銀行で保護預かりになっています）。

彼相続人が会社の株（株式）を買った証券会社がわかっていれば、そこに連絡して（わからなければ送られてきた取引報告書などを見つけ出して証券会社をつきとめ）相続手続きをします。

この頃はパソコンでネット取引をしている人も多いので、念のため亡くなった人のパソコンを調べてみる必要もあります。

8. 借金（マイナス財産）を相続するとき

おまえのオヤジの借金だ
返してもらおう！
借用書
たとえば死亡した人の
・銀行への債務
・手形振出の債務
・連帯保証人の地位
・裁判上の地位
などです。
スマナイ…
※裁判上の地位の相続については67ページ参照。
説明したように相続財産には借金のようなマイナス財産も含まれます。
※12・13ページ参照。
その負担があまりに大きいときは、相続人が相続放棄をすることもできます。
こんな財産いらない！
放棄
マイナス財産
ポイ
※16ページ参照。
相続放棄をせず、マイナス財産を相続する場合は…
たとえば法定相続人が2人の子だけなら法定相続分に応じて2分の1ずつ相続することになります。
実は…
1000万円の借金が…
500万円
500万円
相続人間で話し合いこれとは異なる割合で負担することもできます。
2人に支払ってもらうぜ
それを債権者が承諾しない限り、債権者には主張できません。
相続人の一人が相続放棄すると残りの相続人にその負担がいくことになります。
俺…放棄する
あっそう
500万
500万

Q 保証人の地位は相続されるのか

身元保証については、被相続人の一身専属的なもので、相続によりその地位が承継されることはありません。

問題は、将来にわたる継続的取引などによる債務の連帯保証の場合です。この場合、被相続人（連帯保証人）の死亡後に生じた債務については、相続人は保証債務を承継しないというのが判例の立場です。

なお、保証債務も債務の一種ですから、被相続人の生前に保証より生じた債務については弁済義務を負います。

9. 墓地などの祭祀の承継

○×家之墓
系譜（系図）、祭具（仏壇・仏具）、墳墓（墓石・墓地）などの祭祀は法律上「祭祀財産」と呼ばれ相続財産には含まれません。
では、誰が祭祀の承継者になるかというと
正雄オマエだ！
1被相続人の生前の指定（口頭でもよい）か、遺言で指定された者。
2被相続人の指定がない場合は
その地方の慣習によりふさわしい者（例えば長男など）。
1がなく2も明らかでない場合は…
3家庭裁判所に調停または審判を申し立てて決めることになります（次頁参照）。
家庭裁判所
申立
祭祀承継者には通常長男がなることが多いようですが
被相続人に深い愛情を持つ者を
それ以外で被相続人と関係の深かった相続人がなってもよいのです。
法律上、祭祀を承継したからといって相続財産を余分にもらうことはできませんし
法事で金かかるんだから財産よこせ
逆に相続分を減らされるということもありません
ただし、被相続人が祭祀承継者の指定とあわせて祭祀費用相当の遺贈（74ページ）をすることはできます。
よろしく頼むぞ

Q 遺族年金や健康保険はどうなるか

被相続人が死亡した場合に、その配偶者や子は遺族年金をもらえる場合があります。国民年金の場合は市区町村役場、厚生年金の場合は社会保険事務所に問い合わせてください。年金は申請しなければ貰えない仕組みになっていますので注意が必要です。

さて、健康保険ですが、例えば夫が会社で健康保険に入っていたとしますと、夫の死亡により夫が加入していた健保組合からは脱会し、国民健康保険に加入することになります。

なお、加入者の死亡で一時金等が貰える場合もありますので、問い合わせてください。

〔書式9〕祭祀承継者指定の申立書

収入印紙　　円	家事 審判（○）/ 調停 申立書　事件名（祭祀承継者指定）
予納郵便切手　　円	（この欄に収入印紙をはる。）
予納登記印紙　　円	（はった印紙に押印しないでください。）

準口頭		関連事件番号　平成　　年（家　　）第　　　号

東京　家庭裁判所 御中 令和 ○○ 年 11 月 1 日	申立人（又は法定代理人など）の署名押印又は記名押印	小池　幸男　㊞

添付書類	申立人の戸籍謄本 1 通　相手方の戸籍謄本　通　被相続人の戸籍謄本 1 通

申立人	本籍	東京 都（○）道府県　中野区上高田5丁目678番地
	住所	〒164-0002 同上　　電話 ○○（○○○○）○○○○ （　　方）
	連絡先	〒　-　　電話（　） （　　方）
	フリガナ 氏名	小《コ》池《イケ》　幸《ユキ》男《オ》　　大正・昭和（○）・平成 10 年 8 月 5 日生
	職業	会社役員
※ 被相続人	本籍	東京 都（○）道府県　北区田端4丁目56番78号
	住所	〒114-0014 同上　　電話（　） （　　方）
	連絡先	〒　-　　電話（　） （　　方）
	フリガナ 氏名	小《コ》池《イケ》　太《タ》郎《ロウ》　　大正・昭和（○）・平成 5 年 5 月 3 日生
	職業	なし

(注)　太枠の中だけ記入してください。　※の部分は，申立人，相手方，法定代理人，事件本人又は利害関係人の区別を記入してください。

申　立　て　の　趣　旨
被相続人小池太郎所有の系譜（祭具及び墳墓）の承継者の指定を求める。

申　立　て　の　実　情
1．申立人は被相続人小池太郎の弟であります。 2．被相続人小池太郎は，令和○○年10月1日に死亡し，相続人原田安子及び中川糸子が相続したのでありますが，原田安子は原田健一に，中川糸子は中川伸夫に嫁いでいるので祭祀墳墓の承継は困難な状況にあります。 3．一方被相続人は，祭祀承継人を指定しておらず，またこれを承継すべき慣習も定かでありません。 4．よって，被相続人の系譜祭具及び墳墓を承継すべきものを指定されたく申立てに及んだ次第であります。

(注)　太枠の中だけ記入してください。

相続財産を処理する法的手続きは

遺産の種類	どうするか	手続き先	必要な書類は	費用	親切らん
不動産（土地・家屋）	相続による所有権移転登記（不動産登記法1条）	地方法務局（本支局・出張所）	土地(建物)所有権移転登記申請書、戸籍謄本(相続人)、除籍謄本(被相続人)、住民票抄本(相続人)、固定資産課税台帳謄本	不動産評価額の千分の4	☆多数相続人のうちの一人の名義にするときは、他の相続人の相続放棄申述受理証明書または印鑑証明書を添付した相続分の存しない旨の証明書もしくは遺産分割協議書が必要
農地・山林	相続による所有権移転登記（不動産登記法1条）	地方法務局（本支局・出張所）	所有権移転登記申請書、戸籍謄本（相続人）、除籍謄本(被相続人)、住民票(相続人)、固定資産課税台帳謄本	不動産評価額の千分の4	☆農地を相続した相続人は、売却や転用をしないときでも農業委員会に届出をしなければならない
自動車	移転登録（道路運送車両法13条）	陸運事務所	移転登録申請書、自動車検査証（有効なもの)、自動車検査証記入申請書、戸籍謄本(相続人)、除籍謄本(被相続人)、自動車損害賠償責任保険証明書(呈示のみ)	一両につき500円	☆運送業等の場合は相続人が新たに運輸大臣の認可を受けなければならない ☆印鑑証明つきの遺産分割協議書も必要
電話加入権	加入権承継手続き	電話局	電話加入承継申込書、戸籍謄本(相続人)、除籍謄本(被相続人)	なし	☆相続人は未納料金も引き継ぐことになる
預金・貯金	名義変更 ①銀行預金…関係条文なし ②郵便貯金…郵便貯金法24条、郵便貯金規則33条	預貯金先	依頼書(銀行などに備付)、除籍謄本（被相続人)、戸籍謄本(相続人)、預金通帳、相続人全員の印鑑証明	なし	☆口座名義人死亡による口座凍結後も個々の相続人は上限＝1金融機関ごと150万円の枠内で仮払いを受けられる(単純承認となることに注意)。
貸金債権	相続通知など	債務者	金銭消費貸借契約書の訂正、または債務確認証をとる	なし	☆相続人確定より6カ月以内は時効にかからない
売掛金債権	相続通知など	債務者	債権（残高）確認をとる	なし	
裁判上の損害賠償請求権	訴訟受継の申立(民事訴訟法208条)	裁判所	戸籍謄本(相続人)・訴訟受継の申立書	なし	
特許権・実用新案権・意匠権・商標権	相続による移転登録申請	特許庁登録課	移転登録申請書・戸籍謄本(相続人)・除籍謄本(被相続人) 	一件につき3000円	各権利の存続期間は 特許権 出願の日から20年 実用新案権 出願の日から10年 意匠権 出願の日から25年 商標権 設定登録の日から10年 (但、商標権については更新が可能)
生命保険金	生命保険金交付申請	生命保険会社	戸籍謄本(相続人)・除籍謄本(被相続人)・生命保険証・生命保険金請求書・領収書 死亡診断書・印鑑証明書(相続人)	なし	
退職金	死亡退職金支払請求	会社	戸籍謄本(相続人)・除籍謄本(被相続人)・退職金領収書	なし	
動産(家具什器・書画・骨とう・貴金属)	占有の確保	なし	なし	なし	

第四章・遺言による相続の仕方

1.知っておきたい遺言の基礎知識

遺言はしておいた方がいいって言うけど何でかな?
遺言書
遺言を残すことで2つの大きなメリットがあるんだよ
1自分の思い通りに財産の処分ができる
遺言しておいてよかった
2死後に紛争を残さないようにできる
こんなことなら遺言しておくんだった…
また相続人でない人に財産を与えたいときなど
内縁の妻は相続人になれないらしいが
何とかして彼女にも財産をやりたい
遺言書で遺贈をしてそれを可能にすることはよく行なわれている。
でもせっかくの遺言も正しく遺言書にしておかないとムダになってしまう。遺言書の作り方については88ページで…
遺言
遺言書を作るとき注意が必要な遺留分については82ページで説明するよ

●遺言はなぜした方がよいのか

遺言をするメリットは、2つあります。

まず、思いどおりに財産の承継ができるということ。遺言をしていないと、法定相続分（38ページ）での相続となり、被相続人の意思が反映されません。遺言をしておけば、相続人はその指定に従った遺産分割をすることになり、被相続人の意思に沿った相続が行われます（ただし、遺留分の制限を受けます➡82ページ参照）。

次に、死後に紛争を残さないようにできるということ。遺言で遺産分割、子の認知、マイナス財産の処理方法などを明確に指示しておくことによって、死後の紛争・問題を未然に防ぐことができます。

●こんな場合はぜひ遺言を

・自分の死後、遺言によって認知をしたい場合（１０２ページ参照）。

・借金が多く、相続人に不利益を与えるおそれがある場合（16ページ参照）。

・親不孝な息子に遺産を相続させたくない場合（32ページ、81ページ参照）。

・相続人のひとりに、遺産の全部、または大部分を相続させたいとき（63ページ、78ページ参照）。

・遺贈をしたい場合（相続人以外の人に財産を分与したい場合➡下段参照）。

●遺贈とは何か

遺贈とは、遺言で自分の財産を特定の人に無償（ただ）で与えることです。遺贈を受ける人を受遺者といい、遺贈は受遺者の承諾を必要としませんが、受遺者は遺贈を放棄することもできます。受遺者は相続人でない人でもよいし、会社などの法人でもかまいません。

このような遺贈の特徴を生かして、次のようなケースで遺贈が行われています。

・内縁関係の妻に財産を与えたいとき。

・面倒をみてくれた息子の嫁に財産を与えたいとき（77ページ）。

・会社、学校、慈善団体などの法人に、財産を与えたい（寄付したい）とき。

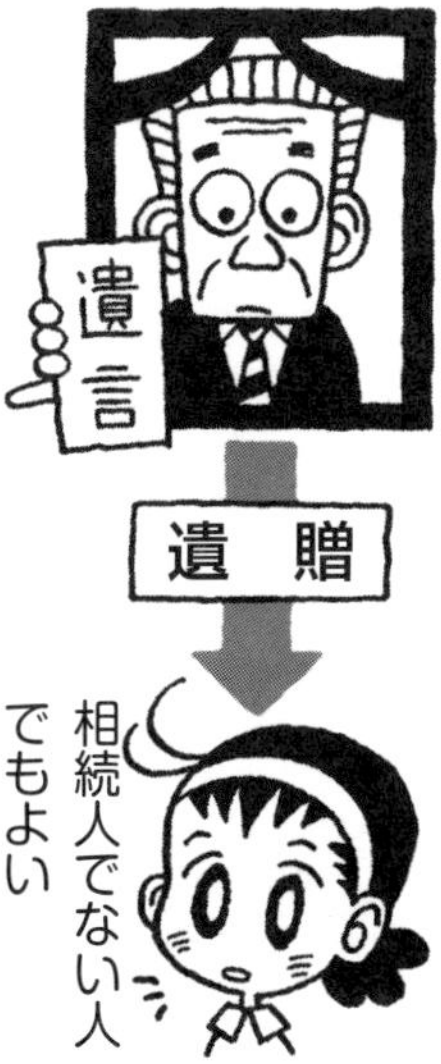

どのような内容の遺贈をするかは、遺言をする人の自由です。ただし、相続人の遺留分を侵害していると、遺留分を侵害された相続人から受遺者への遺留分侵害額支払い請求によって制約を受けることがあります（82ページ参照）。

Q 内縁の妻が相続できる場合とは

内妻はどんな場合でも財産分けを請求できないかというとそうでもありません。特別縁故者に対する相続財産分与の制度というものがあります。

相続人が存在しない場合、故人の相続財産の清算を行ったのち残存する相続財産は国庫に帰属することになるわけですが、これに先だって被相続人と特別に縁故の深い者、たとえば内妻があれば内妻に相続財産を取得させることができることになっています。

特別縁故者について、民法九五八条の三に「被相続人と生計を同じくしていた者、被相続人の療養看護に努めた者、その他被相続人と特別の縁故があった者」と規定しています。内妻はこれにあたると考えられています。

ケース1. 内縁の妻に財産を残したいとき

山田太郎さんは10年前から妻子と別居。その間、甲野A子さんと同居して内縁関係の生活を続けています。
妻
子
別居
内縁の妻
俺が死んだら内縁の妻には相続権がないから
財産は全部妻子のものになってしまう…
内縁の妻に財産を残す方法は
2つあります
まず、遺言状で内縁の妻に財産を遺贈（74ページ）するという遺言をしておくことです。
遺言状
甲野A子に遺贈する。
次に、あなたが生きているうちに内縁の妻に財産を贈与しておくことです。
これあげる
どちらも相続人の遺留分（82ページ）を侵害すると※
返してよ
内縁の妻は相続人から遺留分侵害額支払請求を受けますが
支払請求を受けたとしても取返されるのは遺留分だけなので
内縁の妻にも財産が残ります。
財産

※相続人でない人への生前贈与は相続開始の前1年以内にしたものに限り遺留分侵害問題を生じます（相続人への贈与なら相続開始の前10年以内にした贈与に限定）。ただし遺留分を侵害すると知って贈与した場合は期間無制限です。

Q 遺言にはどんなものがあるか

民法の定める遺言の方式としては、普通方式と特別方式があります。

前者の方式による遺言としては、自筆証書遺言（民九六八条）、公正証書遺言（民九六九条）、秘密証書遺言（民九七〇条）の三種類があり、後者の方式としては、死亡危急者の遺言（民九七六条）、伝染病隔離者の遺言（民九七七条）、在船者の遺言（民九七八条）、船舶遭難者の遺言（民九七九条）の四種類があります。

詳細については、88ページ以降を参照してください。

ケース2. 面倒をみてくれた息子の嫁に財産をあげたいとき

佐藤次郎さんには
3人の子がいますが
妻と長男は
死亡しています。
長男に子はなく
佐藤さんが死ぬと
相続人は
次男と長女に
なります。
死んだ長男の妻
S子さんは
再婚もせず
今でも私を父として
面倒みてくれる
私が死んだら
彼女にも財産を
残してやりたいが…
子の配偶者は
相続人になれず
寄与料も請求
しにくいかも…
わかっとる
だから悩んで
いるんじゃ！
相続権のない
子の配偶者に
財産を与えたいなら
遺言で遺贈
（74ページ）するか
遺言状
S子に遺贈す
あなたが
生きているうちに
財産を贈与して
おくことです。
これ
あんたに
あげるよ
財産
どちらも相続人の
遺留分（82ページ）
を侵害すると
子の配偶者は
侵害額支払請求を
受けることに
なります。
返して
それを避けたいなら
相続人の遺留分を
侵害しない範囲で
遺贈・贈与をする
ことです。
ホッ
財産

Q 面倒をみた長男の妻の寄与分は

妻が夫の親の面倒をみたとしても（献身的に介護するなど）、以前には寄与分は認められませんでした。

内縁の妻が夫の仕事に協力して資産を蓄積したような場合も同じでした。

法改正により、相続人ではない近親者も「特別の寄与」に相応するお金を相続時に請求できることになりましたが、相続人たちから「お金目当てだったのか」と非難されそうで、気おくれしてしまう人もいるでしょう。

従って、右記のようなケースでは、生前に贈与する、あるいは遺贈するといった事前の対策が望ましいのです。

ケース3. 住居だけは妻に残したいとき

鈴木三郎さんは妻と二人暮らし。財産の大部分を現在住んでいる住居の土地家屋が占めています。
私が死んだあと住居だけは妻に残したい
相続人となる人が妻だけなら全財産が妻のものとなり心配いりません
しかし、妻以外にも相続人がいると妻と他の相続人とで遺産を分割することになります
バキッ
住居を売らない限り分割などできないぞ…
そのようなときは他の相続人の相続分を遺留分（82ページ）ぎりぎりに減らしそれ以外はすべて妻に相続させるという遺言をすることです。
妻と子
3/4
1/4
妻と親
5/6
1/6
他の相続人が子なら全財産の4分の3他の相続人が親なら全財産の6分の5まで妻に相続させることができます。
妻と兄弟姉妹が相続人となる場合、兄弟姉妹に遺留分はないので
妻と兄弟姉妹
全部
なし
妻に全財産を相続させると遺言しておけばよいのです。
なお、他の相続人が意をくんで遺留分支払請求をしないということなら遺留分を無視して全財産を妻に残す遺言をしてもいいでしょう。
遺言状
全財産を妻に

Q 住居を確実に妻に残すには

上のような遺言をしても被相続人とその妻が住んでいた家を妻一人が受け取ると、評価額が高すぎて子の遺留分を侵害してしまうかもしれません。

子は母親に遺留分の請求などせず、いずれ母親からの相続でその家を受け取ればいい…ですますことも多いのですが、すぐお金の欲しい子が遺留分侵害額の支払いを求めてくることもありえます。

その子の現実の受取り額と遺留分との差額を支払えば、妻（子の母親）は実家に住み続けられますが、簡単に用意できる金額ではないでしょうし、手持ちの現金を失えば老後の生活が不安です。

このような問題を解決するため、法改正で配偶者居住権が新設されました（次ページ参照）。

●「配偶者居住権」が新設された

配偶者居住権は、亡くなった人と同居していた配偶者（妻または夫）がその家の所有権を受け継がなかったときでも、「配偶者居住権」を得ておけば、自分が生きている限りはそのまま住み慣れた家に無料で住み続けることができるという権利です（民法一〇二八条……施行は二〇二〇年四月一日から）。

たとえば、相続が生じたあとの遺産分割で、母親は亡くなった父親とずっと住んできた家と土地の所有権を子に譲るかわりに、その家についての「配偶者居住権」を設定してもらいます。そうすると、母親は自分が亡くなるまでその家に住み続ける権利を保証され、万が一、所有者である子がその家を売った場合にも、買主に対して自分の居住権を主張することができます。所有者である子の方は、母親が亡くなって「配偶者居住権」が消滅するまでは、その家を自分で利用することができません。

●「配偶者居住権」も値付けされる相続財産

この「配偶者居住権」は、それを取得する配偶者の年齢から平均余命までの年数＝すなわち配偶者居住権の推定存続年数などをもとに、所有権まるごとの場合よりも安く割り引いた値段をつけます。安くなったぶん、配偶者には自分の相続分の範囲内で遺産のうちの現金を受け取る余裕が生まれ、老後資金をも確保できるというわけです。

なお、その家が建つ土地は子の所有物となりますが、「配偶者居住権」が設定されると、配偶者はその土地の上に家を建てておくための敷地利用権も得ることになります。

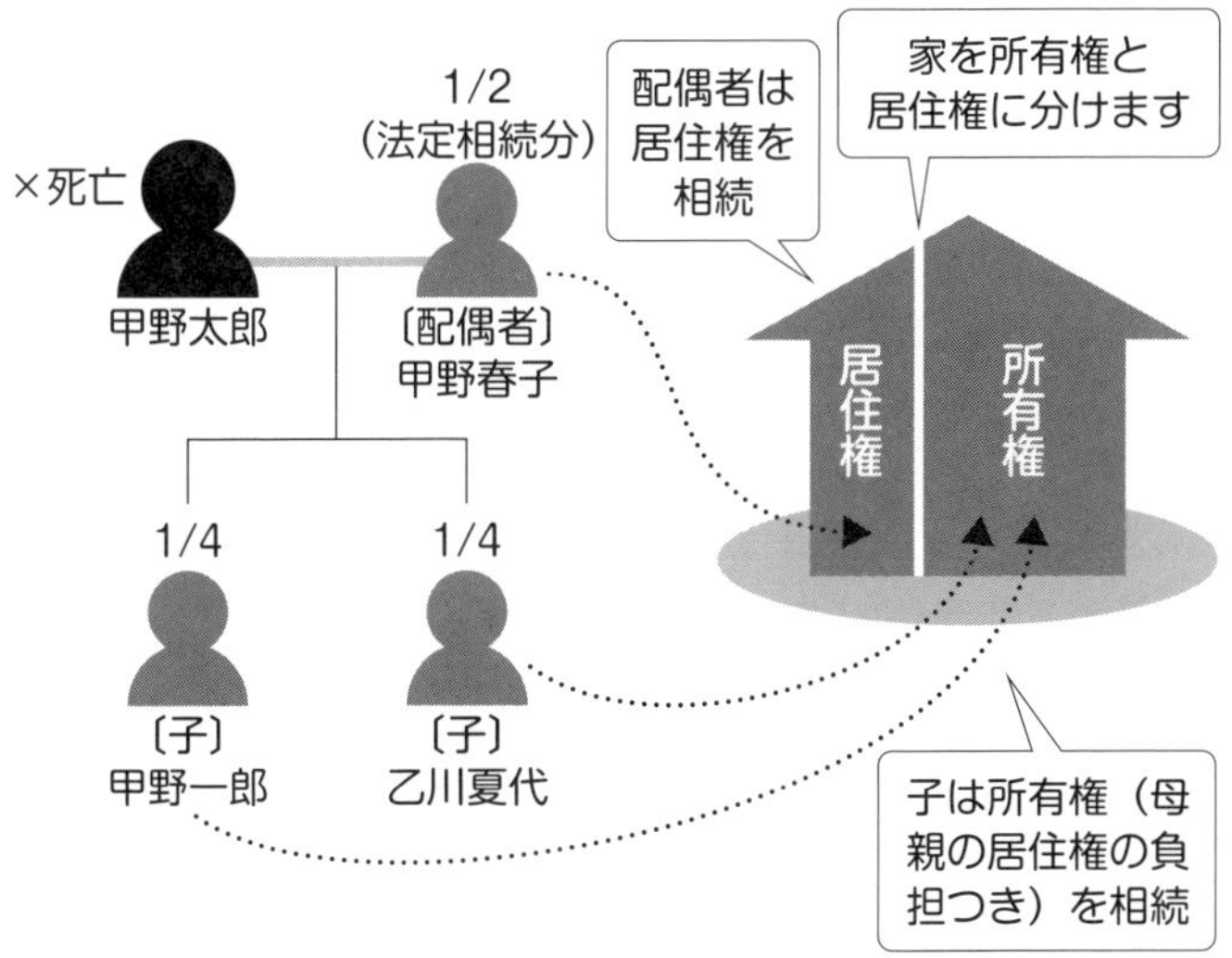

Q「配偶者居住権」の設定でもめたら？

配偶者居住権は必ず設定しなければならないというものではなく、あくまで遺産を分ける際に選べるメニューのひとつ。「配偶者居住権」を設定するには、遺産分割時に相続人どうし（残された配偶者と子）の話合いによるか、被相続人が前もって遺言を書いて遺贈してあげる方式があります。

遺言がなく、子が母親の希望に反して「配偶者居住権」を認めないときには、母親は家庭裁判所に審判を申し立てれば、諸事情を裁判所が調べたうえで決定を出してくれることになっています。

子の側の不利益と母親がその家に住む必要性とをハカリにかけて判断するので、必ず「配偶者居住権」を認めてもらえるわけではありません。

★配偶者居住権の利用と２次相続

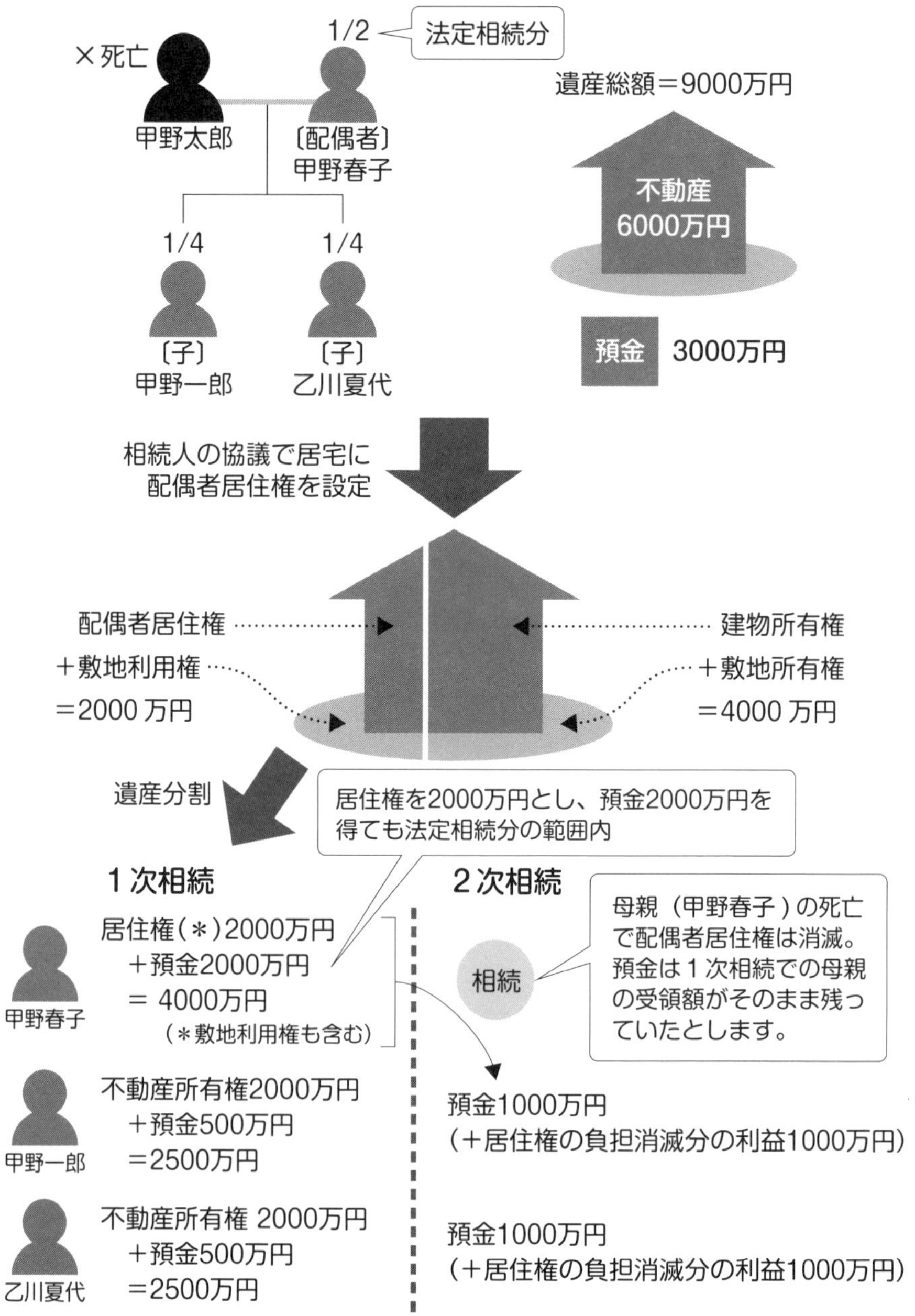

ケース4. 親不孝息子に財産を残したくないとき

高橋四郎さんには妻と3人の子がいますが次男のN男は親に暴力をふるったり家の金を持ち出すなどの行為が絶えません。
このまま私が死ぬとN男にも6分の1の法定相続分があることになってしまう
よーし遺言を書いてN男の相続分をゼロにしよう！
N男さんには遺留分（82ページ）がありますから
そんな遺言をしてもN男さんが遺留分支払請求をすれば全財産の1/12は彼のものになりますよ
本当にN男さんに財産を全く残したくないと考えるならN男さんを廃除（33ページ）して相続人でなくしてしまうことです。
家庭裁判所
廃除申立
廃除
廃除はあなたが生きているあいだにもできるし遺言で死後にすることもできます。
遺言で廃除をする場合、実際に廃除の手続きをするのは遺言執行人です。
遺言執行人
したがって遺言書に廃除の意思と廃除の理由
遺言状
N男を廃除
廃除が認められた場合と認められなかった場合の両方の遺産分割方法を明確に記入しておく必要があります。

Q 相続廃除された財産は

上記のように推定相続人の廃除（民法八九二条）がなされると、その人は相続人から除外され相続できなくなります。

では、この廃除された人の相続分はどこへ行くのでしょうか。

まず、被相続人の死亡で、その子が相続廃除されたとします。この場合、その子に子供（被相続人からは孫）がいるときには、この孫が代襲相続（同八八七条）することになります。つまり、放とう息子に相続させたくないと思っても、孫が代襲して相続するのです。

また、廃除者に子がいない場合は、その廃除された相続人がいないものとして、（遺言で別段の指定がなければ）相続分に従い分割して相続されることになります。

2. 遺留分とは何か

遺留分
遺留分
遺留分とは被相続人が相続人に1円も渡さない遺言としても受け取られる遺産の中の最低部分です。
遺留分があるのは被相続人の兄弟姉妹以外の相続人です。
親
子
配偶者
※子の代襲者(26ページ)にも遺留分があります。
遺留分を侵害された者は遺留分侵害額支払請求(84ページ参照)をして取り戻すことができます。
裁判所
支払請求
各相続人の遺留分は下記の通りです

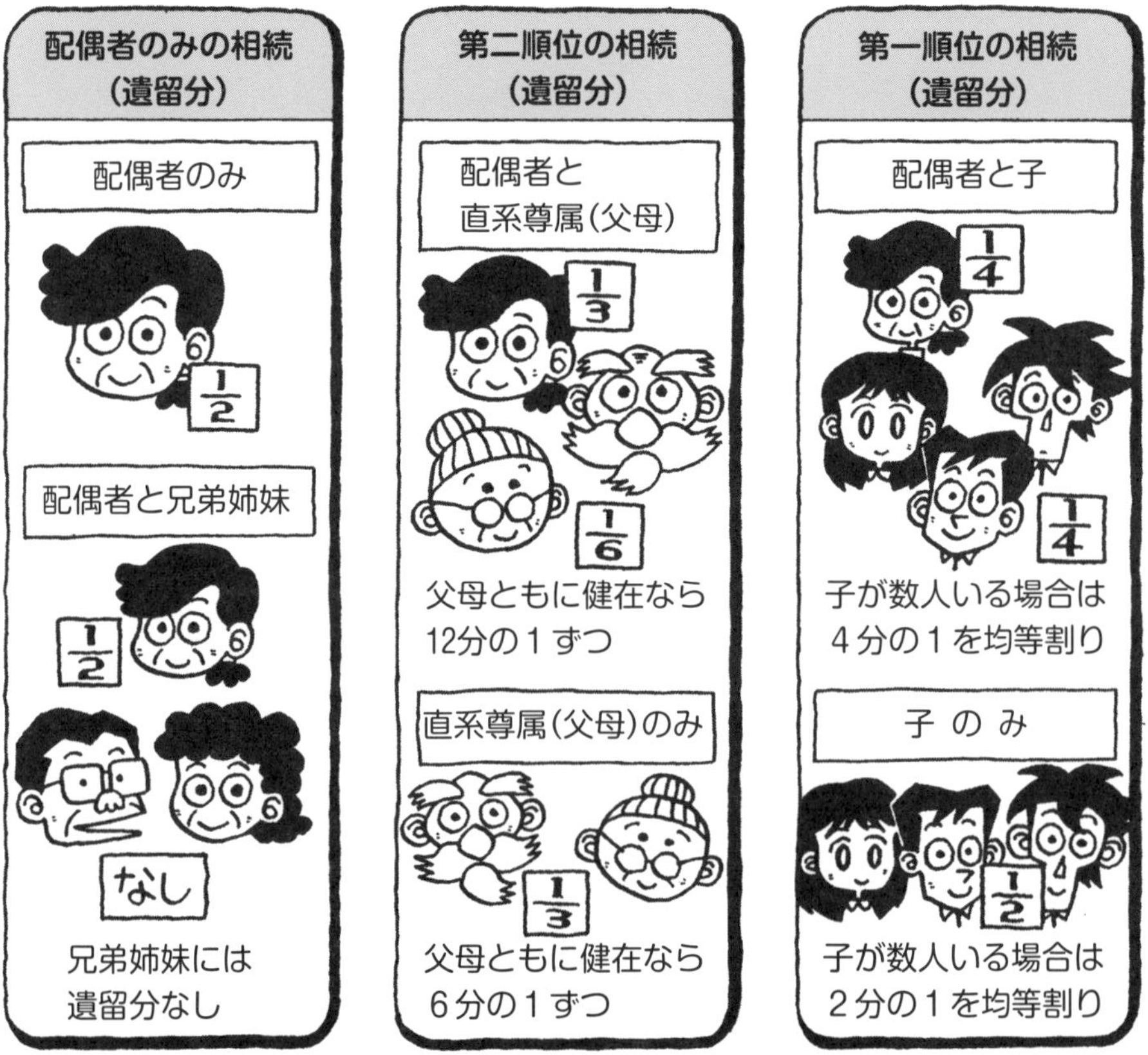

第一順位の相続(遺留分)
配偶者と子
1/4
1/4
子が数人いる場合は4分の1を均等割り
子のみ
1/2
子が数人いる場合は2分の1を均等割り
第二順位の相続(遺留分)
配偶者と直系尊属(父母)
1/3
1/6
父母ともに健在なら12分の1ずつ
直系尊属(父母)のみ
1/3
父母ともに健在なら6分の1ずつ
配偶者のみの相続(遺留分)
配偶者のみ
1/2
配偶者と兄弟姉妹
1/2
なし
兄弟姉妹には遺留分なし

配偶者（妻）と3人の子が相続人の場合の遺留分

	 配偶者	 長男	 次男	 長女
遺言がない場合の法定相続分	$\frac{1}{2}$	$\frac{1}{6}$	$\frac{1}{6}$	$\frac{1}{6}$
遺留分	$\frac{1}{4}$	$\frac{1}{12}$	$\frac{1}{12}$	$\frac{1}{12}$
遺産総観3000万円のときの遺留分額	750万円	250万円	250万円	250万円

●遺留分とは何か

被相続人の遺産のうち、一定の相続人に必ず受け取る権利が留保とされる一定の割合を「遺留分」といいます。人は、遺言で、自由に遺言の行き先を指定できるというのが原則ですが、遺留分の制限を受けます。

遺留分を持つ人（遺留分権者）は被相続人の兄弟姉妹以外の相続人＝被相続人の子、その代襲者、配偶者、直系尊属（父母など）です。

遺留分算定の基礎となる遺産の総額は、相続開始時の財産の価額に、相続開始前1年以内の贈与（相続人以外に対するもの――相続人への贈与では相続開始前10年以内）の価額を加え、そこから債務を控除して計算します。

●遺留分の侵害

遺留分権者の実際に受け取れた相続財産が遺留分に満たない場合、これを「遺留分の侵害」といいます。遺留分を侵害する遺言や贈与も、それで無効になるわけではありません。

●遺留分の侵害額の支払請求

遺留分を侵害された人が、侵害された分を取り戻したいときは「遺留分侵害額の支払請求」をすることになります（次ページ参照）。

支払いの請求は、他の相続人に対する遺贈・贈与だけでなく、相続人でない第三者に対する遺贈・贈与についてもできます。

Q 生前放棄と遺留分の放棄

よく相続で、相続人となる者が、生前に相続の放棄を約束するケースがあります。しかし、これは契約書にしてあったとしても、法律的には何の意味もありません。法律上は、生前に相続の放棄の約束をしても無効ということになります。

このような場合、遺留分の放棄という制度を利用するしかないのです。遺留分の放棄は家庭裁判所の許可を得て行います。同時に遺言状を作成しておけば、この遺言状の中味が遺留分を侵害していても、遺留分侵害額の支払請求はできません。

なお、遺留分放棄に当たっては、何らかの条件が示されることがあります。この場合、条件次第では裁判所の許可が得られないこともあります。

遺留分を侵害されたらどうすればいいんだい？
遺留分を侵害した遺言も無効になるわけじゃないほっておいたらダメだよ
遺留分侵害額の支払請求をして、侵害された分を取戻すんだ。
家庭裁判所
支払請求
相続財産の総額 × 遺留分の割合 = 遺留分の額
遺留分の額 − 受取った相続財産の価額 = 侵害された額
遺留分の計算は、上のようにすれば、いいんだけど、相続開始後すぐには困難だろうね。遺留分を侵害されていると思ったら「侵害額の支払を請求する」という意思表示をして正確な額はその後の遺産内容の明確化につれて算出すればいいんだ。
おかしい変だ…
遺留分を侵害された人がいるということは、その分を受取った人がいるということ。その人に侵害額の支払を請求すればいいようなんだけど…。
支払
支払を求める順序はまず遺贈、次に生前贈与の順。贈与は最近の贈与から順に古いものへ支払請求するんだ。
支払請求
①
遺贈
②
最近の贈与
③
古い贈与
遺留分支払請求権は相続の開始と請求すべき贈与または遺贈があったことを知ってから1年で時効。
時効!?
6
7
8
9
侵害額支払請求は遺産分割協議の席でもできるけど内容証明郵便や家庭裁判所に対する手続きの中で明確に請求した方がいいよね。
ハッキリ
支払請求

〔書式10〕遺留分減殺請求の申立書（物件返還請求）

受付印	家事 審判 調停（○） 申立書 事件名（遺留分侵害額支払請求）
収入印紙 円 予納郵便切手 円 予納登記印紙 円	（この欄に収入印紙をはる。） （はった印紙に押印しないでください。）

準口頭		関連事件番号 平成 年（家 ）第 号

東京 家庭裁判所 御中 令和〇〇年 7 月 1 日	申立人（又は法定代理人など）の署名押印又は記名押印	北川 太郎 ㊞

添付書類	申立人の戸籍謄本 1 通 相手方の戸籍謄本 1 通 被相続人の戸籍謄本 1 通 受贈物件目録，遺産目録 各 1 通

申立人	本籍	東京 都（○）道府県 千代田区神田駿河台1丁目23番45号	
	住所	〒101-0062 同 上	電話 〇〇（〇〇〇〇）〇〇〇〇 （ 方）
	連絡先	〒 -	電話 （ ） （ 方）
	フリガナ 氏名	北《キタ》川《ガワ》 太《タ》郎《ロウ》	大正 昭和（○） 平成 36 年 1 月 5 日生
	職業	会社員	
※ 相手方	本籍	東京 都（○）道府県 中央区銀座1丁目1番地	
	住所	〒104-0061 東京都中央区銀座1丁目1番1号	電話 〇〇（〇〇〇〇）〇〇〇〇 （ 方）
	連絡先	〒 -	電話 （ ） （ 方）
	フリガナ 氏名	南《ミナミ》 山《ヤマ》 陽《ヨウ》 子《コ》	大正 昭和（○） 平成 10 年 5 月 3 日生
	職業	無 職	

（注） 太枠の中だけ記入してください。 ※の部分は，申立人，相手方，法定代理人，事件本人又は利害関係人の区別を記入してください。

申 立 て の 趣 旨
相手方は申立人に対し，相手方が申立人の父北川大作より贈与を受けた別紙目録記載の動産につき，その時価の半額に相当する物件を返還するとの調停を求めます。

申 立 て の 実 情
1．申立人の父北川大作は令和〇〇年10月5日相手方の住所で死亡し相続が開始しました。申立人の母は父より5年前に死亡していますので，父の相続人は長男である申立人だけです。 2．父は昭和〇〇年8月ごろ相手方と同棲し内縁関係になりました。父死亡後，相手方は父が所蔵していた書画・骨とう類全部を，父の死亡直前に贈与を受けたと称して取得していました。 3．父の遺産は動産だけしかなく，相手方への前記贈与は明らかに申立人の遺留分の侵害ですから，全遺産の半額の返還を求めるため，この申立てをします。

（注） 太枠の中だけ記入してください。

ケース1. 全財産を相続した長男への支払請求

甲野一男さんには妻と3人の子がいます。
財産と呼べるのは甲野さん夫婦と長男が同居する土地家屋だけです。

一男さんが死亡し遺言書が発見され
全財産兄ちゃんのものだってさ……!
土地家屋はすべて長男に相続させるとありました。

この遺言の内容は妻・長女・次男の遺留分を侵害することになります。
私たちの分は?
ゼロだよ!
……
土地家屋の評価額は1億2000万円でした。

遺留分を侵害された3人は長男に侵害額の支払請求をすることができます。

	妻	長男	長女	次男
法定相続分	1/2	1/6	1/6	1/6
遺留分	1/4	1/12	1/12	1/12
遺言による指定相続分	0	1	0	0
遺留分の支払請求	3000万円	5000万円請求	1000万円	1000万円

もちろん話合いで納得すれば遺言どおり長男に全遺産を相続させるのは自由です。
兄ちゃんのものだよ
スマナイな……

Q 相続分の指定と相続財産の指定

遺言を書く場合、相続分の指定（例・〇〇に2分の1相続させる）だけだと、その割合が多い少ないといった争いのほかに、個々の相続財産をどう分けるかということで、再度紛争が起きることも考えられます。

このような場合、遺留分を侵害しないように配慮し、相続財産を具体的に指定（例・〇〇に××を相続させる）としておけば、相続人間の紛争を未然に防ぐことができます。なお、不動産の相続で物件を地番や家屋番号つきで指定しておけば、不動産登記に際しても便利です。

ケース2. 遺贈を受けた愛人への支払請求

乙山次郎さんには
妻と2人の子が
います。
財産は現金と動産
あわせて
4000万円程度
のはずでしたが…

次郎さんが死亡して
出てきた遺言に
びっくり!
あ…
愛人?!
次郎さんには
愛人がいて
彼女の生活のために
マンションを買って
いたのです。
これで財産の総額は
1億円です。

遺言書には
評価額6000万円
のマンションを
愛人に遺贈し
ホホホ
ホホ
残りの財産を
妻と2人の子に
法定相続分どおり
相続させると
書いてあります。

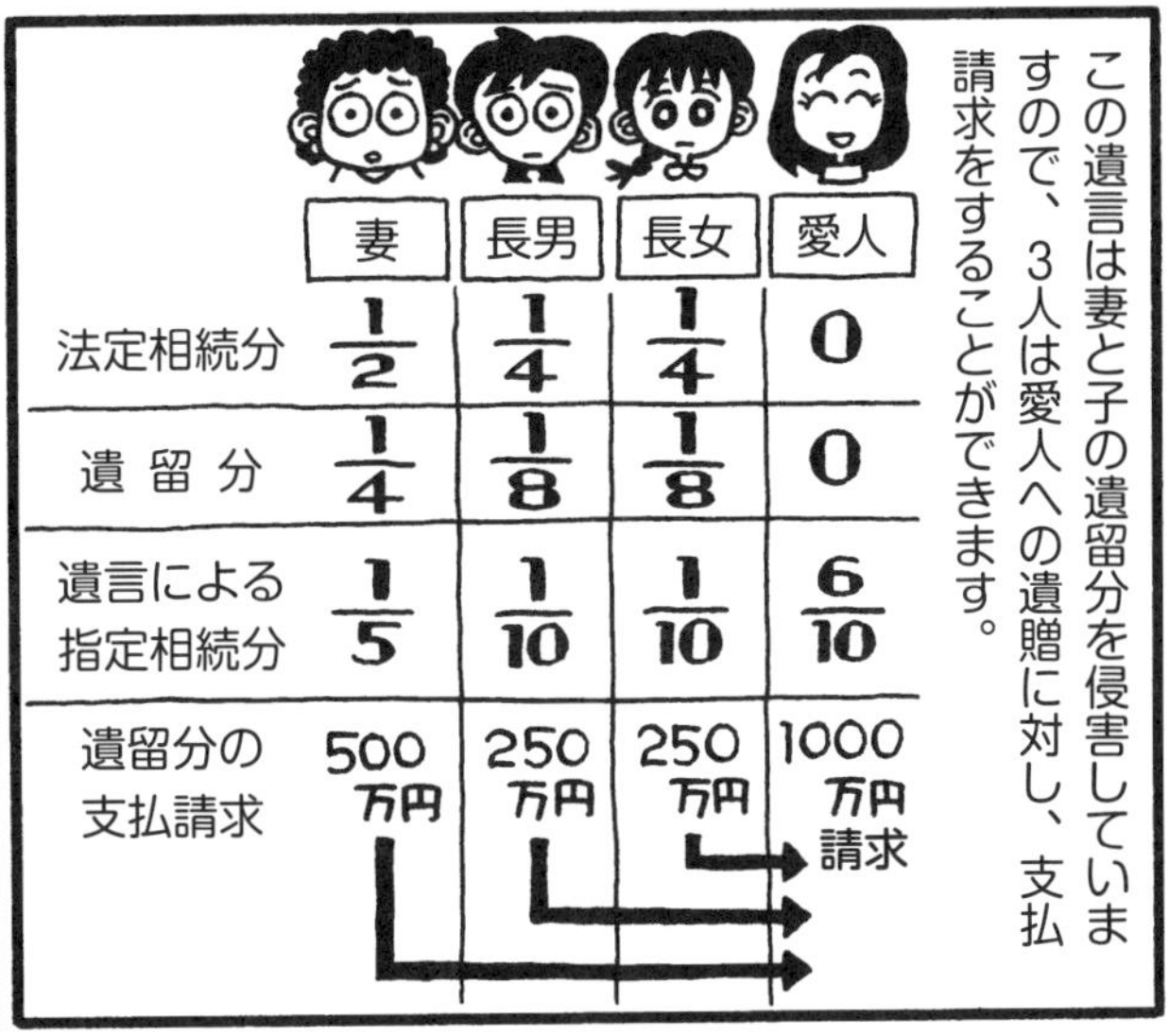
この遺言は妻と子の遺留分を侵害していますので、3人は愛人への遺贈に対し、支払請求をすることができます。

	妻	長男	長女	愛人
法定相続分	$\frac{1}{2}$	$\frac{1}{4}$	$\frac{1}{4}$	0
遺留分	$\frac{1}{4}$	$\frac{1}{8}$	$\frac{1}{8}$	0
遺言による指定相続分	$\frac{1}{5}$	$\frac{1}{10}$	$\frac{1}{10}$	$\frac{6}{10}$
遺留分の支払請求	500万円	250万円	250万円	1000万円請求

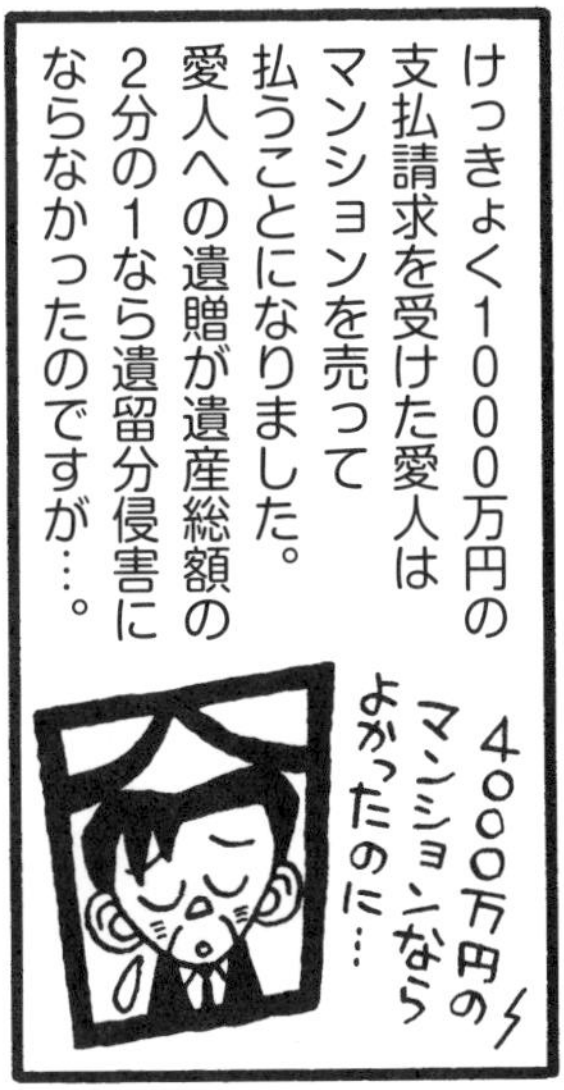
けっきょく1000万円の
支払請求を受けた愛人は
マンションを売って
払うことになりました。
愛人への遺贈が遺産総額の
2分の1なら遺留分侵害に
ならなかったのですが…。
4000万円のマンションならよかったのに…

Q 愛人への遺贈は公序良俗違反か

不倫関係にあった女性に対する包括遺贈（3分の1）で、公序良俗に反するかどうか（反すればその遺贈は無効）で争いになったケースがありますので、この判決（最判昭六一・一一・二〇）を紹介します。

「―略― 遺贈が、不倫な関係の維持継続を目的とするものでなく、女性の生活を保全するためのものであり、相続人の生活の基盤を脅かすものでないときは、公序良俗に反するとはいえない」。

このケースでは、愛人への遺贈は有効とされましたが、この判決を裏から見れば、不倫関係の維持継続が目的であった場合、あるいは相続人の生活基盤を脅かすような場合には、無効ということになります。

3. 遺言をする方法

遺言は誰でもできるのかい？

15歳以上なら原則として誰でもできるよ
遺言には何を書いてもいいのかい？

書くのは自由だよ ただし…

兄弟仲良く 母さんを大切に 客人には親切に 使用人には厳しく …………

説教はいいから財産を…

「自分の死後は兄弟仲良く」などという道義上のもの（世上遺言）は法律上の効力を持たないんだ。

法律的効力を持つのは主に相続財産についてだよ。

あの土地だが……

そこをはっきり
相続財産についてのあいまいな記述は問題を生じることになりかねないから明確に記述するよう注意が必要だね。

こりゃ無効だ
せっかく書いたのに…

遺言
遺言に書く内容は自由だけど遺言の書き方には一定の要件が定められていてその要件が満たされていないと無効になってしまうんだ。

遺言の方式には次の4つがあります。
1 自筆証書遺言（90ページ参照）
2 公正証書遺言（92ページ参照）
3 秘密証書遺言（94ページ参照）
4 特別方式の遺言（96ページ参照）
いろいろあるなあ
一番安全なのは公正証書遺言だよ

●遺言は誰でもできるのか（遺言能力）

遺言は、満15歳に達した人なら原則として誰でもすることができます。

成年被後見人も、事理を弁識する能力を一時回復した時、医師二人以上の立会いのもと遺言することが可能です。

被保佐人・被補助人が遺言するには、保佐人や補助人の同意は不要です。

ただし、被保佐人や被補助人が遺言をした当時に遺言能力を欠いていれば、その遺言は無効となります。

15歳に
なったから
遺言が
できるんだ
君にも何か
残したい…
ぽっ
中

●遺言にはどんなことを書くか

遺言書に何を書こうと自由ですが、遺言で法律上の効力を持つのは次の事項に限られます。

①認知
婚姻外で生まれた子供との間に、法律上の親子関係を創設する行為。

②財産の処分（遺贈と寄付行為→75ページ）

③未成年後見人および後見監督人の指定
残される子が未成年者であるとき、自分が信頼できる人を未成年後見人等として指定。

④相続人の廃除または廃除の取消し(32ページ)

⑤相続分の指定または指定の委託
民法に規定された法定相続分（38ページ）を変更する行為。

⑥遺産分割の指定または指定の委託
遺産分割についての争いを防ぐために、あらかじめ分割の方法を指定しておく行為。

⑦遺産分割の禁止
一定期間、遺産の分割を禁止する行為。

⑧相続人相互の担保責任の指定
相続で受け取ったものに欠陥や数量不足があるとき、その補てんを他の相続人が相続分に応じてすることになりますが(民法911条)、その負担割合を変えるなどの指定です。

⑨遺言執行者の指定または指定の委託（108ページ）

Q 遺言書の保管はどうするのか

遺言で気を使うのが「保管」です。大切にしまいすぎると遺族が発見できません。かと言って、誰でも見れるような場所に置いておくのも考えもの。

銀行の貸金庫などに預けておけば、不利な遺言書を発見者が破って棄てる危険も避けられます。信用できる人物に託しておくのもいいでしょう。

令和2年7月10日からは自筆証書遺言を法務局に預けて保管してもらえるようになりました。

なお、公正証書は最も確実な遺言の方法ですが、遺言者が死亡しても、遺言書を持って来てくれるわけではありません。公正証書遺言、あるいは法務局保管の遺言がある旨のメモを貸金庫に入れておくのも一法です。

1 自筆証書遺言の作り方

長所
・いつでもどこでも簡単に作成できる。
・遺言をしたことを秘密にしておける。
・費用がほとんどかからない。
簡易
自筆証書遺言
短所
・遺言書を紛失したり発見されないことがある。
・第三者によって変造・偽造されるおそれがある。
・遺言書が発見されたとき検認の手続きが必要…※右欄（106ページ参照）。

※自筆証書遺言が法務局（特定遺言書保管所）に保管されていれば検認は不要です（相続財産の名義変更には、その法務局で「遺言書情報証明書」の交付を受けて使います）。

自筆証書遺言の内容・日付・署名は遺言者の自筆が必須。財産目録はワープロ作成や代筆も可。
ワープロ
外国語
略字
代筆
手をささえられて書く
遺言者が他人に手をささえられて書いた場合や外国語・略字で書いた場合も遺言者の意思と認められる限りはよいとされています。

押印は実印でなくとも認印、三文判でもよいとされています。
指印も有効という判例もありますがさけましょう。

14
年月日のない遺言は無効だから忘れないようにね

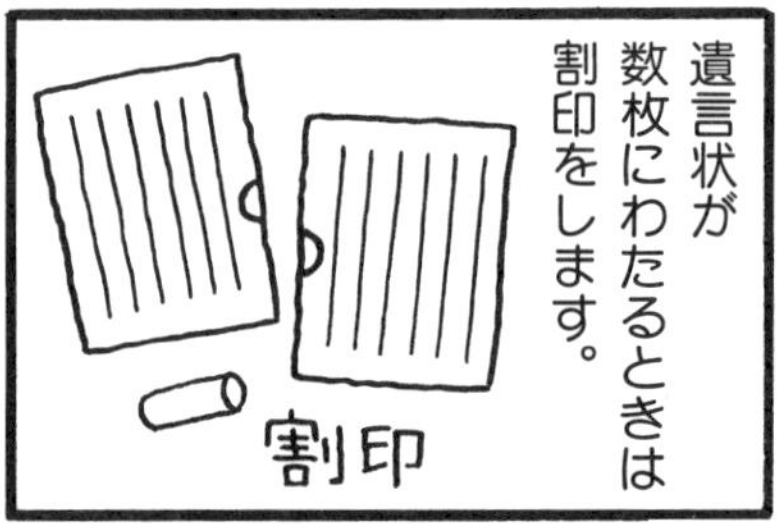

遺言状が数枚にわたるときは割印をします。
割印

保管については特に要件はなく
封筒に入れなくてもいいんだよ
ふーむ

遺言書の修正・変更の方式

修正・変更した部分に押印し、その上部に修正・変更の箇所と内容を付記し、署名します。

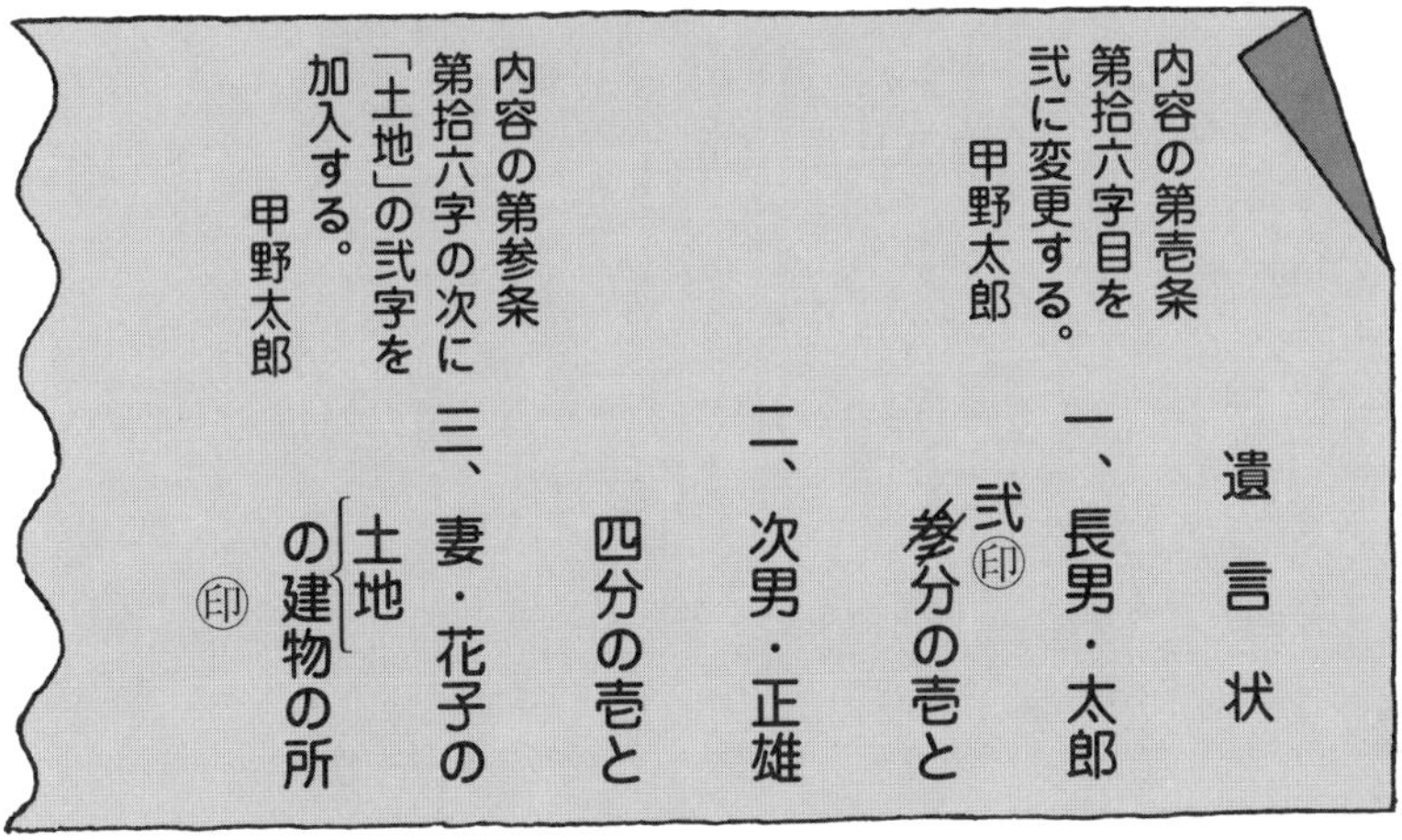
遺言状
一、長男・太郎
弐㊞参分の壱と
二、次男・正雄
四分の壱と
三、妻・花子の
土地
の建物の所
㊞
内容の第壱条
第拾六字目を
弐に変更する。
甲野太郎
内容の第参条
第拾六字目の次に
「土地」の弐字を
加入する。
甲野太郎

●自筆証書遺言

自筆証書遺言は、遺言者自身の手で書き、押印するだけで作成できる簡易な遺言方法で、証人も不要です。その反面、偽造・変造・隠匿の問題が生じやすいのです。また発見後に検認手続き（106ページ参照）が必要で、家庭裁判所発行の検認証明書がないと法務局や銀行で遺言書にもとづく遺産の名義変更ができません。

この不都合を緩和するため、遺言書に添付する財産目録の部分はワープロ打ちや預金通帳のコピー、他人の代筆でよいこととされました。

また、法務局（特定遺言書保管所）で自筆証書遺言を安全に保管する制度も新設されました。

※作成年月日のない遺言書は無効で、年月だけで日の記載のない場合も無効です。遺言者の「還暦の日」などと書いたものでも遺言成立日が確定できればよいとされていますが、やはり正確に年月日を記載するべきでしょう。

※署名は戸籍上の氏名に限らず、雅号や芸名でも遺言者との同一性が認められれば有効です。

●遺言書の変更・修正方法

修正・変更をする場合は、修正・変更した場所に押印し、さらにその上部余白に修正・変更した箇所と内容を付記し、署名します（上図参照）。この方式に従わないと修正・変更がなかったものとして取り扱われることになります。

Q 遺言の方式と自筆証書遺言の規定は

民法九六七条【三種の普通方式】 遺言は、自筆証書、公正証書又は秘密証書によってこれをしなければならない。ただし、特別の方式によることを許す場合は、この限りでない。

同法九六八条【自筆証書遺言】 ① 自筆証書によって遺言をするには、遺言者が、その全文、日附及び氏名を自書し、これに印をおさなければならない。

② 略（添付目録は自書不要の件）

③ 自筆証書中の加除その他の変更は、遺言者が、その場所を指示し、これを変更した旨を附記して特にこれに署名し、かつ、その変更の場所に印を押さなければ、その効力を生じない。

2 公正証書遺言の作り方

長所
・専門家である公証人が作成してくれる。
・保管が確実で安全。
・検認手続きが不要。
短所
・遺言書の作成と内容を第三者に知られる。
・費用と手間がかかる。
公正証書遺言
エヘン
確実
安全
口述
公証人
資格のある証人2人以上
公正証書遺言は証人2人以上の立会いのもとに遺言者が公証人に対し遺言の趣旨を口述し公証人がこの口述を筆記します。
口述とは口頭で述べることだから身ぶり手ぶりや電話などは無効です。
ただし、遺言者があらかじめ書面にした内容をもとに
こういう内容で…
公証人が筆記したものを
あとで遺言者と証人に面接してそれを承認した場合は有効です。
……と
こういうことですね
……以上で間違いありませんね
承認します
※事情により遺言者が署名できないときは公証人がその事由を付記して署名に代えることもできます。
書きあがったら遺言者と証人に公証人が読み聞かせまたは閲覧させ遺言者と証人が署名・押印、最後に公証人も署名・押印してできあがりです。
公証役場で作成するのが原則だけど、病気などの場合、特に頼めば公証人が家や病院に出張してくれます。
公証役場
公正証書遺言の原本は公証役場に保管されるから安全なんだ♡

公証人手数料

公証人手数料令（平成5年政令第224号）平成5年8月1日施行

	目的の価額	手数料
証書の作成	100万円まで	5,000円
	200万円まで	7,000円
	500万円まで	11,000円
	1,000万円まで	17,000円
	3,000万円まで	23,000円
	5,000万円まで	29,000円
	1億円まで	43,000円
	以下超過額5,000万円までごとに 3億円まで13,000円　10億円まで11,000円　10億円を超えるもの8,000円加算	

その他	私署証書の認証	11,000円 （証書作成手数料の半額が下回るときはその額）	外国文認証は6,000円加算
	会社定款の認証	50,000円	
	確定日付	700円	
	執行文の付与	1,700円	承継等1,700円加算
	正本又は謄本	1枚　250円	
	送達	1,400円	郵便料実費額
	送達証明	250円	
	閲覧	1回　200円	

備考

1　目的の価額の算定例
　金銭貸借……貸借金額
　売買……代金の2倍の額
　不動産賃貸借……期間中の賃料総額（ただし10年分まで）の2倍の額
　担保……債権契約とともにするときは担保物件と債権の額のいずれか少ない額の半額を債権の額に合算して算定
　算定不能の場合……価額500万円として算定
2　遺言手数料　※遺言を受ける人数によって計算しますので、公証人に相談してください。
　目的の価額が1億円まで11,000円加算
　遺言の取消しは11,000円（目的の価額の手数料の半額が下回るときはその額）
　秘密証書遺言は11,000円
3　建物区分所有法による建物の規約設定手数料
　専有部分の個数　10個まで　23,000円
　同　10個を超え　50個まで　10個までごとに11,000円加算
　同　50個を超え 100個まで　10個までごとに 9,000円加算
　同　100個を超えるもの　20個までごとに 6,000円加算
4　事実実験手数料　1時間までごとに11,000円（休日等加算2分の1）
　拒絶証書作成は　7,000円（　同　）
5　役場外執務（遺言・事実実験・拒絶証書作成等）
　日当……20,000円（4時間以内10,000円）
　交通費……実費額　病床執務手数料……2分の1加算

Q 公正証書遺言の規定は

民法九六九条【公正証書遺言】公正証書によって遺言をするには、次の方式に従わなければならない。

一　証人二人以上の立会いがあること。

二　遺言者が遺言の趣旨を公証人に口授すること。

三　公証人が、遺言者の口述を筆記し、これを遺言者及び証人に読み聞かせ、又は閲覧させること。

四　遺言者及び証人が、筆記の正確なことを承認した後、各自これに署名し、印を押すこと。ただし、遺言者が署名することができない場合は、公証人がその理由を付記して、署名に代えることができる。

五　公証人が、その証書は前四号に掲げる方式に従って作ったものである旨を付記して、これに署名し、印を押すこと。

③ 秘密証書遺言の作り方

長所
・遺言書の内容の秘密を守れる。
・代筆、ワープロで書いてもよい。
短所
・作成に若干の費用と手間がかかる。
・検認の手続きが必要（106ページ参照）。
秘密証書遺言
ナイショ
ナイショ
秘密証書遺言は第三者に代筆してもらってもワープロを使ってもかまいません。もちろん、自分で書くこともできます。遺言書の最後に署名・押印しますが日付は書いても書かなくてもよいのです。
ワープロ
代筆
証書ができたら封筒に入れて証書に用いたのと同じ印章で封印します。この封入・封印だけは遺言者が自分でする必要があります。
封印ができたら公証役場へ行き、公証人一人と証人二人以上の前に封書を提出して、遺言者が自分であることを申述します（公証人、証人については、92・93ページ参照）。
公証人
資格のある証人 2人以上
遺言
第三者が書いたものであるときはその筆者の住所・氏名も述べます。
公証人が証書の提出された日付と遺言者の申述を封書に記載したあと
秘密証書遺言成立
遺言者、公証人、証人が共に署名・押印すれば秘密証書遺言が成立します。
ペタ
ペタ
ペタ
ペタ
できあがった遺言書は自分かしかるべき人に頼んで保管することだね

封印された遺言書の開封は家庭裁判所で

封印された遺言書はかってに開封してはいけません。

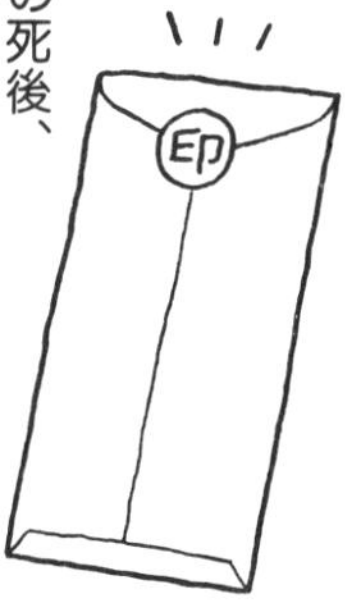

印

遺言者の死後、封印された遺言書を家庭裁判所は相続人全員の立会いの上で開封します。

家庭裁判所
ではは開封します
遺言

秘密証書遺言は必ず封印されています。他の方式の遺言書も封印されていれば同様です。

●秘密証書遺言

秘密証書遺言は、遺言の内容を遺言者以外に知られることなく作成できる遺言の方法です。秘密証書遺言の作成方法は右ページのとおりで、右のうち一つでも違反した場合には秘密証書遺言として無効になります。ただし、秘密証書遺言としては無効でも、自筆証書遺言としての方式（90ページ）を備えていれば、自筆証書遺言としての効力を有するとされています。

※秘密証書遺言の修正・変更は、自筆証書遺言と同様の方式で行わなければなりません（91ページ参照）。

※口がきけない人が秘密証書で遺言をする場合は、申述に代えて遺言者は、公証人と証人の前で「その証書は自己の遺言書であること」ならびに「その筆者の住所・氏名」を通訳人の通訳により申述し、または封書に自書しなければなりません。さらに、公証人もその旨を封書に記載することが必要です。

秘密証書

現実にはあまり利用されていません

Q 秘密証書遺言の規定は

民法九七〇条【秘密証書遺言】① 秘密証書によって遺言をするには、左の方式に従わなければならない。

一 遺言者が、その証書に署名し、印を押すこと。

二 遺言者が、その証書を封じ、証書に用いた印章をもってこれに封印すること。

三 遺言者が、公証人一人及び証人二人以上の前に封書を提出して、自己の遺言書である旨並びにその筆者の氏名及び住所を申述すること。

四 公証人が、その証書を提出した日附及び遺言者の申述を封紙に記載した後、遺言者及び証人とともにこれに署名し、印を押すこと。

② ――略

4 特別方式の遺言書の作り方

最後に特別な場合の遺言書の作り方
ただし特別方式の遺言は危難が去り遺言者が6カ月以上生存した場合には効力を失います。
失効
特別方式
危難が去れば普通の遺言ができるからね

危急のときの遺言書の作成

一般の危急の場合

病気その他の理由で死亡の危急に迫ったときの遺言は

遺言があったら書くぞ
うう～っ

三人以上の証人が必要です。証人のひとりが遺言者の口述を筆記して、その場で読みあげまたは閲覧させ、各証人が内容を確認・承認したら署名・押印をします。遺言者は、署名・押印する必要はありません。

遺言の日から20日以内に家庭裁判所の確認を受ける必要があります。検認手続きも必要です（106ページ参照）。

遭難した船の中

遭難した船の中で、死亡の危急に迫ったときの遺言は

俺の遺言を聞いてくれ～!!

証人二人以上の立会いのもと口頭（または通訳人の通訳）で遺言できます。証人のひとりが遺言者の口述を筆記し、署名・押印します。しかし、その場で筆記する必要はなく、読みあげも必要ありません。

できるだけ早く、家庭裁判所の確認を受ける必要があります。検認手続きも必要です（106ページ参照）。

離れた場所での遺言書の作成

伝染病のとき

伝染病についての行政処分などで一般から隔離されている場合の遺言は

警察官ひとりと証人ひとり以上の立会いが必要です。遺言者の口述を筆記するのは誰でもかまいません。その場で読みあげ承認されたら遺言者・筆者・立会人・証人の署名・押印が必要です。

裁判所による確認は必要ありませんが検認は必要です（106ページ参照）。

船の中

船の中で死亡の危急に迫った場合の遺言は

船長または事務員ひとりと証人二人以上（乗組員・乗客でもよい）の立会いが必要です。やはり、遺言者・筆者・立会人・証人の署名・押印が必要です。

裁判所による確認は必要ありませんが検認は必要です（106ページ参照）。

Q 特別方式の遺言書の規定は

民法九七六条【死亡危急者の遺言】 ① 疾病その他の事由によって死亡の危急に迫った者が遺言をしようとするときは、証人三人以上の立会をもって、その一人に遺言の趣旨を口授して、これをすることができる。この場合においては、その口授を受けた者が、これを筆記して、遺言者及び他の証人に読み聞かせ、又は閲覧させ、各証人がその筆記の正確なことを承認した後、これに署名し、印を押さなければならない。（略）

同法九七七条【伝染病隔離者の遺言】

同法九七八条【在船者の遺言】

同法九七九条【船舶遭難者の遺言】

4. いろいろな遺言書サンプル集

遺言書を作る以上、自分の思うとおりに相続させたいよね
遺言でできる相続財産の処分には限界があるけれど
それでも最大限自分の思いどおりにしたい
遺言状を作るときは誰にどう譲りたいのか戦略が必要だよ無効になるような遺言状は絶対に書かないことだね
いくつか例をあげるよ

★妻に全部相続させる遺言状①

遺　言　状

私の全財産は、妻花子に譲る。

令和　年七月一日

甲野太郎 ㊞

▶最も簡単な遺言状の例ですが、遺贈か相続分の指定かが不明。以前は不動産の遺贈では登録免許税が相続の5倍でしたが、現在は相続人への遺贈なら相続と同じです（土地の価額の0.4％）。遺留分の支払請求に注意。

★妻に全部相続させる遺言状②

遺　言　状

私の全財産については、
全部を妻花子に相続させる。

令和　年七月一日

甲野太郎 ㊞

▶右との相違は、相続だと明確にしたこと。相続なら妻が単独で不動産を自分名義に登記換えすることができます。遺贈だと他の相続人と共同で申請しなければならない原則があり、手続きが遅れる恐れがあります。

★相続分だけを指定した遺言状

遺言状

私は左のとおり遺言する。

第一条　遺産を左のとおりの比率で相続するよう、各相続人の相続分を指定する。

妻　花子は二分の一

長男　一夫は四分の一

次男　次郎は八分の一

長女　和子は八分の一

第二条　甲野家の祭祀は長男一夫が主宰するものとする。前条において長男一夫の相続分を四分の一に指定したのは、祖先の祭祀の費用を支弁するためである。

第三条　遺言執行者は左の者を指定する。

東京都三鷹市上連雀○○番地

弁護士　乙野次郎殿

以上、全部を自筆で書き、署名押印する。

令和　年八月一日

遺言者　甲野太郎㊞

▶これは各相続人の相続分を割合で指定したものです。このケースでは、妻は2分の1の法定相続分の指定で、子供3人の相続分が異なる指定がしてあります。また、この例では、遺留分を侵害しないように配慮してあります。

★相続分と分割方法を指定した遺言状

遺言状

私の全遺産についての相続分は次のとおりとする。

一、妻花子の相続分

㈠　所在　○市○町○丁目　地番　○番○
地目　宅地、地積　○○・○平方メートル

㈡　所在地　○市○町○丁目○番地○　家屋番号　○○番○　種類　居宅　構造　木造瓦葺二階建　床面積　一階○○・○平方メートル
二階○○・○平方メートル

㈢　右以外の遺産についてはその二分の一

二、長男一夫の相続分
前記土地建物を除く遺産の四分の一

三、次男次郎の相続分
同八分の一

四、長女和子の相続分
同八分の一

令和　年八月一日

甲野太郎㊞

▶この遺言状には、相続分の指定と同時に遺産分割方法が指定されています。土地などの所在地等の記載に当っては、ウロ覚えで書くようなことは避けて、登記簿謄本や権利証などを見て正確に書くように気を付けてください。

★遺産分割指定を第三者に委託した遺言状

遺言状

一、私の遺産についての相続分は次のとおりとする。

妻　花子は九分の五

長男　一夫は九分の二

次男　次郎は九分の一

長女　和子は九分の一

二、右の相続分に従い行う遺産分割の方法の指定は次の者に委託する。

東京都三鷹市新川〇丁目六番二号

乙野二郎殿

令和　年八月一日

甲野太郎㊞

▶相続分については、遺言者が遺言で定めるほかに、第三者に指定を委託することもできます。しかし、委託された第三者が実際の遺産分割で公平な判断をしてくれるという保障はありません。そこで、本例のように相続分は定めておけば安心です。

★分割禁止を指定した遺言状

遺言状

妻花子の老後のため、次のとおり遺言する。

一、相続分は妻花子について三分の二とし、一夫、次郎、和子については九分の一ずつとする。

二、遺産の大部分は現在居住中の家と土地であるため、妻花子の生存中は遺産の分割を禁止する。法定の五年を経過した後も分割せず、妻花子の居住に宛てることを望む。ただし預金、株式類は当初より分割を許す。

三、妻花子において必要の際は、三人の子は平等に、前記預金、株式の取分から花子の生活費を負担すること。

令和　年八月一日

甲野太郎㊞

▶遺言で遺産分割禁止ができますが、その期間は相続の開始から5年以内で、5年を経過すると分割禁止の効力はなくなります。この例は5年経過後も分割を禁止しており、効力がありませんが、相続人が遺志を尊重してくれることが考えられます。

★相続人の廃除をするように指定した遺言状

遺言状

（住所）　○○県○市○町○○番地
遺言者　甲野太郎

私は左のとおり遺言する。

第一条　財産は、妻花子、長男一夫、次男次郎に各平等に相続させる。

第二条　三男三郎は、私の病中である本年二月一〇日午後七時頃、東京病院の病室で、不法な財産贈与を要求し、私がこれを断わると、私を数回にわたり殴打し、そのため私の病状が悪化した。その事実は妻花子、長男一夫の両名が目撃したところである。三男三郎はさらに三月九日午後八時頃にも突然来て、右同様の乱暴をし、看護婦の野山咲子さんに制止され、私を罵りつつ、立ち去った。以上の行為により私を虐待し重大な侮辱を加えた。したがって三男三郎に対し相続人廃除の請求をすること。

第三条　遺言執行者として左の指定をする。
東京都中野区中野町〇丁目三番地四号　川崎ビル内
乙野次郎氏

令和　年八月一日

甲野太郎㊞

▶相続人廃除をする場合に、本例のように遺言によってすることもありますが、生前、本人が手続きをすることもできます。この例のように、廃除原因がごく最近起こったような場合には、本例のように遺言で廃除を命じておけばよいのです。

★遺言書で認知する場合の遺言状

遺言状

一、私は次の者を認知する。

東京都新宿区東新宿〇丁目五番五号

山川一郎

昭和三九年五月一日生

二、右山川一郎の相続分は、他の子らと同一とする。

三、右山川一郎の相続分の分割方法として、次の土地を与えるものとする。東京都□区□町□丁目口番地所在、地番同町□番の□、宅地□□平方メートル。

四、この遺言の執行者として、東京都新宿区西新宿〇丁目一番一号、中山ビル内、弁護士　乙野二郎氏を指定する。

令和　年八月一日

甲野太郎㊞

▶認知する場合、自分の子でない者を認知しても、他の相続人などから親子関係不存在を理由に争われることになります。認知する理由は必要ありませんが、相続争いが起きやすいので、相続分や遺産分割の指定等にも気を配ってください。

★遺言執行者を指定した遺言状

遺言状

一、（略）

二、遺言執行者に次の者を指定する。

東京都三鷹市中原〇丁目一番五号

弁護士　乙野二郎氏

三、右遺言執行者の指名については、すでに同氏に依頼がしてある。相続開始と同時に直ちに連絡をすること。

四、右遺言執行の報酬は金一〇〇万円とする。ただし相続人が別途に加えた額を支払うことは差支えない。

令和　年八月一日

甲野太郎㊞

▶遺言状で遺言執行者に指定されても、本人が遺言執行者に就任するかどうかは自由です。したがって、遺言者としては事前に承諾を得、予約をしておく方がよいでしょう。なお、報酬についても遺言で定めることができます。

★毎年書き換える遺言状

遺　言　状

私は本日満七七歳になったので、毎年の例により遺言状を書き直し、次のとおり遺言する。

一、妻花子には、次の物を相続させる。

㈠□区□□町□丁目□番地所在、地番同町□番□、宅地□□□平方メートル

㈡同所所在、家屋番号□□番、居宅壱棟（およびこれに附属した倉庫壱棟）

㈢□□株式会社の株式□□□株。

㈣□□銀行○○支店定期預金、金□□□□円（口座番号□□□□□□）。

㈤右㈠の土地および右㈡の建物内にある動産類一切。

㈥その他の財産一切。

二、長男一夫、次男次郎、長女和子には、□市□□町□丁目□番□号所在の土地、地番同町□番、宅地□□□平方メートル（空地）を、平等の割合で与える。

三、遺言執行者は、左の者を指名する。

中央区京橋○丁目二番二号　山川ビル内

乙　野　次　郎　氏

令和　年八月一日

甲　野　太　郎　㊞

▶遺言状は何度でも書き直すことができ、後で書いた遺言状が前の遺言と抵触する部分について優先されます。従って、書き直しても前の遺言と抵触しない一部の効力は残ってしまいますが、「前の遺言の全部を取り消す」と入れておけば新しい遺言だけが有効となり安心です。

5. 遺言書は作ってみたけれど

遺言書を作成したら次に気になるのは遺言書をどのように保管したらよいかということだよね
遺言
ニャンだこれ？
グー
グー
遺言
遺言書はなかったね…
遺言
いい加減に保管しておくと失くしてしまったり誰かに見つけられて偽造・変造されてしまうかもしれない。
かといってあまり大事にしまいこむとやっぱり失くしてしまったり遺言者が死亡したあと誰にも発見されなくて、遺言書なしなんてことになってしまうかもしれない。
保管方法のひとつに遺言書を弁護士に預けておくという手がある。弁護士は法律の専門家だしそのまま遺言執行者（108ページ）になってもらうこともできる。
私が死んだらよろしく
まかせて下さい
遺言
弁護士
※弁護士については156ページ参照。
また、信託銀行が行なっている「遺言信託」を利用することもできる。いろいろな種類があるので、店頭でパンフレットを読んでみるといいよ（左ページ参照）。
おまかせ下さい
信託銀行
一度書いた遺言書を書き直したくなることもあるよね。
遺言
花子のこと忘れてた！
公正証書遺言は、公証役場へ行って変更するのが安全。
自筆証書遺言（※）や秘密証書遺言はその方式に従って修正・変更する（91ページ参照）。
花子に全財産の四分の
全面的に書き直した場合、前に書いた遺言書は無効となるんだよ（左ページ参照）。
遺言
ぼくが最新さ
遺言

※自筆証書遺言は法務局で保管してもらえますが（令和2年7月10日から）、書き直したいときは保管の申請の撤回をし保存データを消去できます。

遺言書が2通以上あるとき

遺言書を何回も書き直しているうちに何通もできてしまいそのままにしておくと遺言者の死後相続人を混乱させることになります。

民法の規定では遺言書が2通以上あるときは日付の新しい遺言が優先され古い遺言は撤回したものとされます。

しかし、遺言者としては自分の意思を正確に伝え死後の紛争を避けるためにも不要の遺言書は「焼捨」「切断」などして破棄するべきでしょう。

どれがホントの遺言なんだ？
遺言
遺言
遺言
遺言
遺言

●遺言信託とはどういうものか

一般に「遺言信託」と言われているものには「遺言による信託」と「信託銀行の行う遺言業務」の2つがあります。信託法に定められた本来の「遺言信託」は前者の方ですが、近時ＰＲされているのは主に後者の方です。

◇遺言による信託

遺言によって遺産の全部または一部を、老妻、病弱者、障害者など特定の人（受益者）の生活安定のために、信託銀行など（受託者）に信託し、管理運用してもらってその成果を受益者に交付させるようにするもの。遺言者としては、単に遺産を割り振りするより安心です。

また、学術、教育など公益のために不特定多数を受益者とする公益信託もあります。

◇信託銀行の遺言業務

信託銀行の行っている遺言に関する業務の種類としては、次のようなものがあります。

①遺言執行業務……遺言書作成の段階から遺言内容の実行までを引き受けるもの。

②遺言書管理業務……遺言書を保管し、盗難・紛失を防止するもの。

③遺言整理業務……遺言の中で遺言執行者が指定されていない場合、遺産の配分その他の複雑な相続上の諸手続きを、相続人と信託銀行との委任契約によって代行するもの。

Q　遺言の方式違反はすべて無効か

民法相続編の第七章「遺言」では、遺言の方式について厳格な定めを置いています（九六七条～九八四条）。そして、この方式に違反する遺言は無効としています。

しかし、全てが無効になるかというとそうでもありません。遺言者の意思を少しでも相続に反映させようと努力はなされているのです。

・自筆証書遺言の日付は作成日付と相違しても真の作成日付が容易に判明する場合は有効（最判昭五二・一一・二一日）。

・遺言書を解釈するに当っては、その真意を探求し当該（遺言書）条項を確定すべきである（最判昭五八・三・一八）。

6. 遺言書を発見したら

ここからは被相続人が死亡して遺言があったときの相続人の立場で説明するよ
相続人が遺言書の存在を知る状況はいろいろだけど
こんなところに!
まあ机の中から発見したとしよう。
遺言書に封印があったらすぐに開けないこと
印
封印のある遺言書は家庭裁判所で開封しなければならないんだ(95ページ参照)。
その前にまずそれが果たして遺言かどうかも問題だよね。
俺の財産は俺のもの!
財産についてのただのメモかもしれないし…。
検認手続き
家庭裁判所
検
遺言書だということになったら検認の手続きが必要になる。遺言書の検認とは家庭裁判所が遺言書の形式・状態を調査・確認する手続きなんだ。
※公正証書と法務局保管の自筆証書の場合は検認手続きの必要はありません。
検認は、遺言者の遺言であることを確認し、証拠として保全することを目的とする手続きであって
遺言
保全
遺言の有効無効を判断するものではないんだよ。
検認手続きは遺言に戸籍謄本を添えて家庭裁判所に申立てる。
家庭裁判所
申立書
検認手続きを怠ると5万円以下の過料に処せられるよ。
遺言書を発見したのに隠したり捨てたり変造したりすると法定相続人の場合は
ヒヒヒ…
相続人の地位を失う(相続欠格⬇32ページ)こともあるから絶対しないように!
受遺者の場合も同様。
検認の結果遺言者の遺言であるということになったら原則として遺言書のとおりの相続になる

〔書式11〕遺言検認の申立書

（東京家庭裁判所の様式）

受付印	# 遺言書検認申立書
	（この欄に収入印紙800円をはる。） （はった印紙に押印しないでください。）
収入印紙　円	
予納郵便切手　円	

準口頭		関連事件番号　平成　　年（家　　）第　　号

東京家庭裁判所 御中 令和 〇〇 年 11 月 1 日	申立人（又は代理人など）の署名押印又は記名押印	久保田　一郎　㊞

添付書類	申立人の戸籍謄本　1　通　　遺言者の戸（除）籍謄本（出生から死亡までのもの）　1　通 相続人全員の戸籍謄本　1　通　　受遺者全員の戸籍謄本　　通

申立人	本籍	東京 ㊥都 道 府 県　杉並区高円寺北３丁目５番地			
	住所	〒166-0002 同　上	電話　〇〇（〇〇〇〇）〇〇〇〇 （　　方）		
	フリガナ 氏名	久《ク》保《ボ》田《タ》一《イチ》郎《ロウ》	大正 ㊥昭和 平成 25 年 5 月 3 日生	職業	会社員
	申立資格	※ 1　遺言書の保管者　　㊥2　遺言書の発見者　　3　その他			
遺言者	本籍	東京 ㊥都 道 府 県　杉並区高円寺北３丁目５番地			
	住所	〒166-0002 同　上	電話　（　　） （　　方）		
	フリガナ 氏名	久《ク》保《ボ》田《タ》太《タ》郎《ロウ》	平成 〇〇 年 10 月 25 日死亡		

（注）太枠の中だけ記入してください。　※あてはまる番号を○でかこむこと。

申立ての趣旨
遺言者の自筆証書による遺言書の検認を求める。

申立ての実情	
封印等の状況	※ ㊥1　封印されている。　2　封印されていたが相続人（　　）が開封した。 3　開封されている。　4　その他（　　）
遺言書の保管・発見の状況・場所等	※ 1　申立人が遺言者から昭和・平成　年　月　日に預かり，下記の場所で保管してきた。 2　申立人が平成 〇〇 年 10 月 30 日下記の場所で発見した。 3　遺言者が貸金庫に保管していたが，遺言者の死後，申立人が平成　年　月　日から下記の場所で保管している。 4　その他（　　） （場所）　東京都杉並区高円寺北３丁目５番地
特記事項その他	
相続人等の表示	別紙相続人等目録記載のとおり

（注）太枠の中だけ記入してください。　※の部分は，当てはまる番号を○で囲み，4を選んだ場合には，（　　）内に具体的に記入してください。

7.遺言の内容はどのように実行されるか

遺言書の検認（公正証書遺言、法務局保管の自筆証書遺言は検認不要）がすんだら、遺言の内容の実行に移ります。
遺言
開封・検認
実行
実際の各種財産の相続手続き（第三章57ページ〜）はかなり煩雑です。
相続による不動産の所有権移転登記を…
では相続人全員の印鑑証明・戸籍謄本それから…
このとき遺言執行者がいれば相続手続きの一切を遺言執行者が単独で執行者の印だけで行なうことができます。
私遺言執行者
ではあなたの印で…
遺言の執行は相続人全員でするのが原則ですが遺言執行者を選任して行なうこともできます。
財産目録の作成
遺言
執行
遺言執行者
遺言執行者が選任されると、相続人は執行権を失い勝手に執行しても無効になります。
遺言執行者の指定
遺言
遺言に遺言執行人が指定されていればその人が遺言執行人になります。
遺言執行者選任の委託
遺言
指定
遺言に遺言執行人指定の委託があれば委託された人が遺言執行人を指定します。
家庭裁判所
申立
選任
適任である第三者または相続人のひとりでもよい
遺言に指定や委託がないときも相続人が家庭裁判所に遺言執行人選任の申立てをしてすることができます。これは遺言がなく遺産分割協議（44ページ参照）で相続手続きをするときも同様です。

〔書式12〕遺言執行者の選任の申立書

（東京家庭裁判所の様式）

受付印	**遺言執行者選任申立書**
	（この欄に収入印紙をはる。遺言書１通について800円）
収入印紙　円	
予納郵便切手　円	（はった印紙に押印しないでください。）

準口頭		関連事件番号　令和　年（家　）第　号

東京家庭裁判所　御中 令和　〇〇年　6月　1日	申立人の署名押印 又は記名押印	山田　一子　㊞

添付書類	申立人の戸籍謄本　1通 遺言者の戸(除)籍謄本　1通 遺言書写し　1通	戸籍謄本　1通 遺言執行者候補者の住民票　1通 身分証明書　1通

申立人	本籍	熊本　都道府県　熊本市花立１丁目１番１号	
	住所	〒161-0034 東京都新宿区上落合１丁目１番５号	電話　〇〇（〇〇〇〇）〇〇〇〇 （　方）
	フリガナ 氏名	山《ヤマ》田《ダ》　一《イチ》子《コ》	大正 昭和　20年　8月　5日生
	申立資格	※遺言者の……1　相続人 2　利害関係人（　内縁の妻　）	
	職業	飲食店経営	
遺言書	本籍	東京　都道府県　三鷹市新川８丁目９番10号	
	最後の住所	申立人の住所と同じ	（　方）
	フリガナ 氏名	川《カワ》村《ムラ》　良《ヨシ》夫《オ》	令和　〇〇年　4月　25日死亡

（注）太枠の中だけ記入してください。※の部分は，当てはまる番号を○で囲み，2を選んだ場合には，（　）内に具体的に記入してください。

申立ての趣旨
遺言者の遺言につき遺言執行者の選任を求める。

申立ての実情

※ 1　遺言執行者の指定又は指定の委託がない。
2　遺言執行者に指定された者が就職を拒絶している。
3　遺言執行者の指定の委託を受けた者が，その委託を辞任した。
4　遺言執行者が死亡した。
5　遺言執行者が解任された。
6　遺言執行者が辞任した。
7　遺言執行者が未成年者である。
8　遺言執行者が破産者である。
9　その他（　）

（その具体的事情の詳細）

1．遺言者川村良夫は平成〇〇年４月25日死亡し，申立人は別紙遺言書記載のとおり，遺言者所有の不動産の遺贈を受けたものです。

2．この遺言書は本年５月２日東京家庭裁判所で検認を受けましたが，遺言執行者の指定がなく，そのため遺言執行者の選任を求めるためこの申立てをいたします。

遺言執行者候補者	本籍	東京都中央区銀座１丁目１番地	
	住所	〒104-0061 東京都中央区銀座１丁目１番１号	電話　〇〇（〇〇〇〇）〇〇〇〇
	フリガナ 氏名	田《タ》中《ナカ》　太《タ》郎《ロウ》	
	遺言者との関係	1　相続人（　）　2　利害関係人（　） 3　その他（　弁護士　）	

（注）太枠の中だけ記入してください。※の部分は，当てはまる番号を○で囲み，9を選んだ場合には，（　）内に具体的に記入してください。

8. 遺言をめぐるトラブル

遺言をめぐるさまざまなトラブルとその解決法を紹介しよう
その他の疑問・問題は各種相談機関（150ページ）に相談することだね

ケース1. 遺産分割後に遺言が出てきたとき

相続手続きもすんでやれやれだ
春野A助さんが亡くなって相続人は遺言書をさがしましたが見つかりません。そこで遺産分割協議（44ページ参照）で遺産分割をし相続手続きをすませました。
そんなある日…
ごめん下さい
私お父上の古い友人古井裕仁と申す
一年ほど仕事で海外におりまして亡くなられたことも知らず…
遺言状
実はお父上から遺言状を預っていたのですじゃ
え〜っ！
もう遺産分割してしまいましたよ
遺言は遺言者の最終の意思であり尊重されなければなりません。
遺産分割協議書
ぼくが優先だぞ！
遺言
遺言があるときは遺言の内容が優先することになります。
しかし…
今さらやり直しだなんて
めんどくさいな
あの土地売っちゃった
相続人全員が合意で遺言に反する遺産分割協議を維持しようということもあるでしょう。
このとき、もし、遺言に遺言執行者が選任されていたら…
遺言執行者
ワシじゃ…

相続人は遺言の執行を妨げるべき行為をすることができないので…
遺言のとおりやり直し
遺言執行者の手で再分割せざるを得ないかもしれません。

また…
もう分割したんだし遺言の内容とそんなに変わらないし…
遺言執行者が遺産分割協議を追認することもできます。

再分割となった場合でも、遺産分割協議の内容と遺言の内容との違いが少なければ一部やり直しですみますが、次のようなときは全面的なやり直しが必要です。
遺言では私こんなに財産もらえることになってる！
遺言
相続人のうちひとりでも遺言をたてに遺産分割協議にクレームをつけたとき。
認知
遺言
僕も相続人
遺言による認知があったとき。その人を無視した遺産分割協議は無効になる。
（認知➡25ページ）
廃除
俺…相続人じゃなかったんだ
遺言による廃除があったとき。その人を加えた遺産分割協議は無効になる。
（廃除➡32ページ）

とは言ってもすでに遺産分割をすませて財産を処分してしまっていることもあります。
売っちゃったんだ…
そのようなときは価額による支払いで解決するしかないでしょう。

個々のケースで判断が必要なので専門家や各種相談機関（150ページ）に相談して下さい。

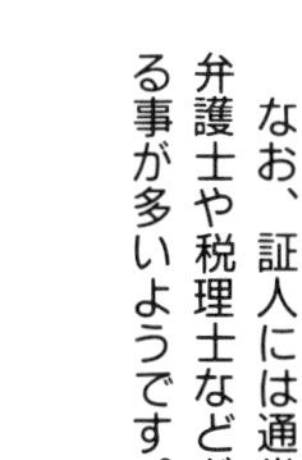

Q 証人には誰がなれるのか

公正証書遺言や秘密証書遺言を作成する場合には、二人以上の証人が必要になります。

証人は遺言が真意に基づくものであることを証明する義務を負うのですから、誰でもいいというわけではありません。

正常な判断能力を十分に持っていないと思われる者や、利害関係のある者は証人にふさわしくないからです。

そこで以下の者は証人にはなれません。

・未成年者
・推定相続人、受遺者
・推定相続人と受遺者の配偶者と直系尊属
・公証人の配偶者、四親等内の親族、書記、雇人

なお、証人には通常、弁護士や税理士などがなる事が多いようです。

ケース2. 遺言書が無効のとき

遺言
夏木B作さんは遺言書を作成して亡くなりました。相続人は民法の規定どおり家庭裁判所で遺言を開封し検認手続きをすませました。しかし…
あの遺言書はどうもおかしい…
遺言
正しい遺言書の作成方法で作成されているのか?
家庭裁判所による遺言書の検認（106ページ）は、遺言者の遺言であるかどうかを確認し、保全するだけです。
間違いなし！保全しましょう♡
家庭裁判所
遺言
遺言の有効・無効を判断するものではありません。
あの遺言書は無効だ！
家庭裁判所
遺言無効調停申立
遺言をするには遺言能力が必要です（89ページ参照）。遺言書の作成方法には一定の要件があります（88～97ページ参照）。これらの方式に従わない遺言は無効です。このようなときは調停や訴訟で遺言の無効を主張することができます。
作成方法の違反は自筆証書遺言（90ページ参照）に多いようです。
無効
自筆証書遺言
ただし、遺言書の一部が無効でも、他の部分は有効とする場合もあります。
遺言
遺言書としては無効でも贈与契約書として有効というケースもあります。

Q 遺言を無効にする場合

遺言は、遺言者の意思内容を正しく実現する制度であり、厳格な方式を定めています。これに違反した遺言は最初から効力をもちません。

まず満一五歳に達していない遺言能力のない者のした遺言は無効です。意思能力のない者のした遺言も無効です。

また、遺言は個々人がするものですから、夫婦が連名で遺言書を書いたような場合（共同遺言）にも遺言は効力がありません（民法九七五条）。

なお、内容の異なる遺言書が二通でてきたような場合、前の遺言を無効とし、日付が新しい後の遺言書を有効な遺言としています。

ケース3. 遺言で指定された財産がないとき

秋田C蔵さんは妻と3人の子にそれぞれ相続財産を指定する遺言書を作成して亡くなりました。
俺にはF市のあの土地か…父ちゃんありがと
ところが
その土地はお父上のものではありませんよ
弁護士に相談してみると…
どういうことなんでしょう
どうやら遺言書を作成したあとにお父上がその土地を処分したようですな
このようなケースは少なくありません。この場合生前処分による遺言の取消しがあったことになり
遺言
生前処分
遺
言
そ そんなあ
その遺言は無かったことになります。
遺言の取消しには当たらないときでも相続開始時に相続財産には属さないものの遺贈は効力を生じません。
そんな財産ないよね
遺言
ただし金銭の遺贈は別で現金がなくても遺贈の効力ありと解される場合があります。
10000

Q 遺言で指定された財産がないが…

特定の土地をダレソレに与えると指定した遺言があるのに、調べてみたら相続開始時点ではその様な遺産は無い、という場合があります。

たいていはその財産を遺言者が後で処分した場合です。この場合、その部分は生前処分による遺言の取消があったこととなり、その遺言は無いことになります。

このように、相続開始時に相続財産に属しないものの遺贈は効力を生じません。ただし、金銭は別で現金が置いてなくても遺贈の効力があると解される場合があります。

また、遺産に属さない権利であっても遺贈の目的としていることが認められる場合には、遺贈は有効となり、相続人はそれを入手して遺贈を実行しなければなりません。

ケース4．財産の全部を寄付するという遺言

秋田D雄さんは遺言書を作成して亡くなりました。相続人であるD雄さんの三人の子は遺言書を読んでびっくり。全財産を慈善団体に寄付すると書いてあったのです。
ゲ〜〜ッ
そんなあ
こんな遺言は無効だ！
無効となるのは遺言能力のない者がした遺言と、形式違反のある遺言（112ページ）だけです。遺言の内容によって無効となることはありません。
でも俺たちには遺留分があるんだ
遺留分？
何それ？
遺留分とは相続人が遺産の中から最低限受け取れると保障された部分です（82ページ参照）。
遺留分があるんだ
1/6
1/6
1/6
相続人が三人の子だけなら彼らには全財産の6分の1ずつ（計2分の1）の遺留分があります。遺言によって遺留分を侵害されたのですから三人の子には遺留分侵害額支払請求権があります。
遺留分支払請求で侵害された部分を取戻すことができます。
支払請求
家庭裁判所
遺言による寄付行為は遺贈（75ページ参照）の一種です
遺言によって遺留分を侵害されたら遺留分支払請求をすることです

Q 遺言を撤回できる場合とは

遺言は遺言者の死亡によって初めて効力が生じます。したがって本人が生きているうちはいつでも自由に遺言の取消（撤回）ができます。

遺言の取消とは撤回を意味します。撤回によりいったん有効に成立した遺言の効力は将来に向かって効力を失います。

撤回は以下の五つの場合になされます。

① 後の遺言が前の遺言に抵触するとき
② 遺言者が前の遺言に抵触する生前処分や法律行為をした場合
③ 遺言者が故意に遺言書を破棄したとき
④ 遺言者が故意に遺贈の目的物を破棄したとき

ケース5. あるはずの遺言がないとき

朝田太郎さんは父・E男さんと同居していました。
たいした財産はないがこの家だけは長男のオマエに残してやる遺言も作ったからな…
これがE男さんの口ぐせでした。
そしてE男さんが亡くなり
親父…
太郎さんは遺言書をさがしたのですが…
ない
ない
ない
家じゅうさがしてもみつかりません。
誰かに預けたのかもしれないと、父の友人や父が世話になった弁護士のところにも行きましたが
父の遺言！
預かってませんなあ…
弁護士も考えられるところをさがしてくれましたが、見つかりません。
遺言書を作成した様子はないですなあ…
そ それじゃ…
遺産分割協議で話し合って…まあ法定相続分に近い遺産分割になるでしょうね
そんな…母は健在だし兄弟も多いんだ法定相続分で分けたらあの家は…
どんなに約束していても口約束ではどうしようもありません。
親父うらむぜ…

Q 遺言書どおりに分けたくない…

遺言が有効である限り、勝手はできません。ただし、遺留分侵害があれば侵害額支払請求権の行使ができますし、寄与分の主張ができることもあります。それ以外は被相続人の意思による指定相続分に従う他はありません。

遺言の指定が、具体的な物件を誰かに与えるというのであれば、それに関しては分割協議の必要は無いことになりますが、相続分や遺贈の指定が割合で示されている場合は、遺産の分割の協議または調停・審判という手続きが必要になります。

指定相続分や遺贈の権利を持つ者の自由意思による同意があれば、遺言に定められた割合や物件と異なる分割をしても違法ではありません。しかし、多数決で押しつけることはできません。

ケース6. 遺言で認知されたがおかしい

内縁の妻
子
妻
子
子
遺言
春川D雄さんは妻子と別居しY子という女性とY子の子と共に生活していました。そんな事情もあってD男さんは早くから遺言書を作成していました。そして、D男さんが亡くなり…。
遺言書にはY子の子を認知するとありました。
認知?!
認知されればその子も相続人です(25ページ参照)。
あの子は父さんの子じゃないよ!
父さんがY子と知り合ったときにはもうY子のおなかにいたんだ
その子の将来のためY子に頼まれてこんな遺言を…!!
Y子
D男
認知
事実に反する
もしそれが本当なら事実に反する認知であり、事実に反する認知は無効です。遺言によって無効の認知が行われた場合は、家庭裁判所に認知無効の調停を申し立てます。
場合によっては訴訟で争うことになるかもしれませんが(152ページ)。
無効だ
有効よ
認知無効ということになれば判決後1カ月以内に戸籍訂正の申立てをします。
判決謄本
戸籍訂正申立書

Q 負担付贈与の放棄は…

負担付遺贈の受遺者はその負担を履行する義務を負いますが、遺贈の目的物の価額を越えない範囲で行えばよいのです。負担の利益を受ける側の者は自分で受遺者に対し、負担の履行を請求できます。ただし、負担付きに限らず、遺贈は受けるも受けないも自由です。特に特定遺贈（具体的に指定したものの遺贈）は（期間の制限無く）いつでも放棄できます。しかし、利害関係人からの催告に対し放棄の意思表示をしないと遺贈承諾とみなされ負担履行の義務が生じます。

包括受遺者（遺産の割合で遺贈を受けた者）は相続人と同一の権利義務を有するため相続人同様、放棄するには、知った時から三カ月以内に家庭裁判所での放棄手続きが必要とされています。

〔書式13〕遺言確認の申立書（危急時遺言の場合）

受付印	家事 審判（○）・調停 申立書 事件名（遺言確認）
	（この欄に収入印紙をはる。） （はった印紙に押印しないでください。）

収入印紙	円
予納郵便切手	円
予納登記印紙	円

準口頭		関連事件番号 平成　　年（家　　）第　　　号

東京 家庭裁判所 御中 令和○○年 6 月 3 日	申立人（又は法定代理人など）の署名押印又は記名押印	山本　一郎 ㊞

添付書類	申立人の戸籍謄本 1 通　相手方の戸籍謄本　通　遺言者の戸籍謄本 1 通 立会証人の戸籍謄本各 1 通　診断書 1 通　遺言書写し 1 通

申立人	本籍	東京 都（○）道府県 千代田区紀尾井町1丁目1番地	
	住所	〒102-0094 東京都千代田区紀尾井町1丁目1番1号	電話 ○○（○○○○）○○○○ （　　方）
	連絡先	〒　-	電話（　　） （　　方）
	フリガナ 氏名	山《ヤマ》本《モト》　一《イチ》郎《ロウ》	大正・昭和（○）・平成 36 年 12 月 8 日生
	職業	会社員	
※ 遺言者	本籍	都道府県 申立人と同じ	
	住所	〒　-　申立人と同じ	電話（　　） （　　方）
	連絡先	〒　-	電話（　　） （　　方）
	フリガナ 氏名	山《ヤマ》本《モト》　太《タ》郎《ロウ》	大正・昭和（○）・平成 10 年 5 月 7 日生
	職業		

(注)　太枠の中だけ記入してください。　※の部分は，申立人，相手方，法定代理人，事件本人又は利害関係人の区別を記入してください。

申立ての趣旨
遺言者山本太郎が令和○○年5月20日なした別紙遺言書記載の口述遺言の確認を求めます。

申立ての実情
1．申立人は遺言者の長男であり，利害関係を有する者であります。 2．遺言者は，10年来心臓病のため病床にあったが，令和○○年5月20日病状が悪化し危急に迫ったので遺言者宅に下記証人3人を招き立会いのうえ，遺言の趣旨を口授し，証人はそれを筆記し，これを遺言者及び他の証人に読み聞かせ，各証人はその筆記の正確なことを承認し，これに署名押印し別紙危急時遺言書を作成したものです。 3．その後，遺言者は令和○○年5月21日に死亡したので遺言の確認を求めるため申立てます。 遺言立会証人 港区虎ノ門町1丁目5番2号　遺言者の叔父　東海富士夫 中野区本町5丁目9番7号　遺言者の義弟　竹田　三男 千代田区内幸町1丁目5番5号　遺言者の友人　山田　五郎

(注)　太枠の中だけ記入してください。

●相続事件の重要判例

▶認知請求権は放棄することができない

（最高裁・昭和37年4月10日判決）

「子の父に対する認知請求権はその身分法上の権利たる性質およびこれを認めた法意にてらし、放棄することができないものとするのが相当である。」

手切金契約を結んで大金を払っても、認知請求権の行使の阻止はできないということです。認知されれば当然、相続権も発生します。

▶認知の訴えと父子関係の証明

（最高裁・昭和32年6月21日判決等）

大審院判例は、子の母が、①被告と懐胎可能期間に情交関係をもったこと、②被告以外の男と情交関係をもたなかったことを立証すべきとしていますが、最高裁は、各種の間接事実を総合して父子関係を認定するよう判示したことから、認知の訴えはやりやすくなりました。

▶特別縁故者の範囲はどこまでか

（大阪高裁・昭和45年6月17日判決）

「財産があって、とくに被相続人が生前金銭的に世話を受けた事実がない場合でも、幼少時より身近な親族としてたえず交際し、死亡後に葬儀、納骨、法要など、遺族同様の世話を行い、今後も被相続人の祭祀回向をおこたらぬ意向である者もこれに含めた方が、同条の立法の趣旨や故人の意思に合致すると推測され、これに異議を述べる者がない場合は、これを含めてよいと解される。」

▶協議離縁とそれ以前に書いた遺言の効力

（最高裁・昭和56年11月13日判決）

「養子縁組の際に養子に対する遺贈の遺言をした後に、協議離縁がなされた場合は、協議離縁によって、遺言は取り消されたものとみなされる。」

本件では、遺言者は終生扶養を受けることを前提として養子縁組をして養子に遺贈する旨の遺言をしたのでした。その後協議離縁がなされ法律上も事実上も扶養を受けることがなくなった事案であり、本件遺贈は、後の協議離縁と矛盾するものとして、民法1023条2項により、取り消されたものとみなされたのです。

▶相続後遺産分割までの賃料債権の帰属

（最高裁・平成17年9月8日判決）

従来、遺産である賃貸アパートから生ずる賃料（法定果実）はそれ自体遺産ではないが、遺産の所有権が帰属する者にその法定果実を取得する権利も帰属するのであるから、遺産分割の効力が相続開始時にさかのぼる以上、遺産分割によって特定の財産を取得した者は、相続開始後に当該財産から生ずる法定果実を取得できると考えられていました。

ところが最高裁は、これと異なる画期的な判決を言い渡しました。すなわち、「遺産は、相続人が数人あるときは、相続開始から遺産分割までの間、共同相続人の共有に属するものであるから、この間に遺産である賃貸不動産を使用管理した結果生ずる金銭債権たる賃料債権は、遺産とは別個の財産というべきであって、各相続人がその相続分に応じて分割単独債権として確定的に取得するものと解するのが相当である。遺産分割は、相続開始時にさかのぼってその効力を生ずるものであるが、各相続人がその相続分に応じて分割単独債権として確定的に取得した賃料債権の帰属は後にされた遺産分割の影響を受けない。」

第五章・相続税と節税の研究

1. 相続税とはどんな税金か

相続税…これも悩みのタネだ
だいたい子が親から財産をもらってなぜ税金をとられるんだ?
相続税は財産の社会への還元なんだ
相続税がかかる人はそれだけの財産を受け取ってるわけだし…
納得いかない面もあるけどしかたないさ
相続税を納めなくてはならないのは、財産を相続した法定相続人(24ページ参照)だけでなく
法定相続人
財産
財産
財産
受遺者
法定相続人以外で遺贈(75ページ)、死因贈与によって財産を取得した人も含まれます。
相続税の課税の対象となるのは
もちろん取得した財産についてなんだけど
相続開始前3年以内の贈与財産も相続税の課税価格に加算されます(下段左参照)。
あれは3年前……

相続や遺贈によって取得した財産

被相続人が死亡したときに所有していた土地や建物、預貯金や株式、公社債、車、家庭用財産など

相続・遺贈で取得したとみなされる財産

退職金
○△×保険

一定額以上の生命保険金や退職金、慰労金などいわゆるみなし相続財産

相続開始前3年以内の贈与財産

3年以内

ただし、すでに贈与税を納めていればその分は相続税から差し引かれます。

●相続や遺贈によって取得した財産

被相続人が死亡の時現在において所有していた土地、家屋、立木、事業（農業）用財産、有価証券、家庭用財産、貴金属、書画・骨董、電話加入権、現金などの一切の財産は、相続税の課税対象となります。

●相続や遺贈によって取得したとみなされる財産（みなし相続財産）

相続財産と同じような性質を持っているものも、相続税の課税対象となります。

①死亡に伴い支払われる生命保険金、損害保険金、農協などの生命共済金や傷害共済金のうち、被相続人が負担した保険料や共済掛金に対応する部分の金額。

②死亡退職金、功労金、退職給付金など。

③生命保険契約に関する権利。

④定期金に関する権利。

⑤保証期間付き定期金に関する権利。

⑥被相続人の遺言によって受けた次の利益。

（A）信託の利益を受ける権利

（B）著しく低い価額の対価で財産の譲渡を受けた場合の利益

（C）債務の免除、引受け、弁済を受けた場合の利益

（D）前記AからCまで以外の経済的利益

⑦農地等の生前一括贈与を受けた場合の贈与税の納税猶予の特例（昭和49年以前に農地等の生前一括贈与を受けた場合は贈与税の納期限延長の特例）の適用を受けていた農地等。

※相続税がかかる場合の農地等の価額は、贈与のときの価額ではなく、相続開始時の価額となります。

●相続開始前3年以内に被相続人から贈与を受けた財産

被相続人から相続や遺贈によって財産を取得した人が相続開始前3年以内にその被相続人から生前贈与によって取得した財産の価額（贈与を受けたときの価額）も、相続税の課税価格に加算されます。

※贈与を受けたときに、すでに贈与税を納めていたら、その分は相続税から差し引くことができます（１３５ページ参照）。

※婚姻期間20年以上の夫婦間の贈与で、居住用の不動産の贈与の場合、２０００万円までの額は控除されます（贈与税の配偶者控除）。相続開始前3年以内に被相続人から贈与を受けた配偶者が、この贈与税の配偶者控除を受けていた場合は、その財産の価額のうち配偶者控除を受けた部分については、相続税の課税価格に加算されません。

Q 贈与税の相続時精算課税制度とは

六〇歳以上の父母・祖父母（贈与した金銭が受贈者の居住用住宅取得資金であるなど一定要件下では六〇歳未満も可）から二〇歳以上の子・孫に対し贈与した財産の額から二五〇〇万円（前年以前にも控除していればその額を差し引く）を控除した額に二〇％の税率を乗じて贈与税額を計算。税務署に相続時精算課税選択届出書を提出することで利用できる制度です。

贈与時には二五〇〇万円までが無税となりますが、相続時に贈与額を相続額に加えて相続税額を計算（既に贈与税を納めていればその額を控除）。納税の先送りで必ずしも節税になりませんが、子や孫の急な資金需要に税負担を軽くして応えられ、値上がりする資産なら節税効果も期待できます。

2. 誰に相続税がかかるのか

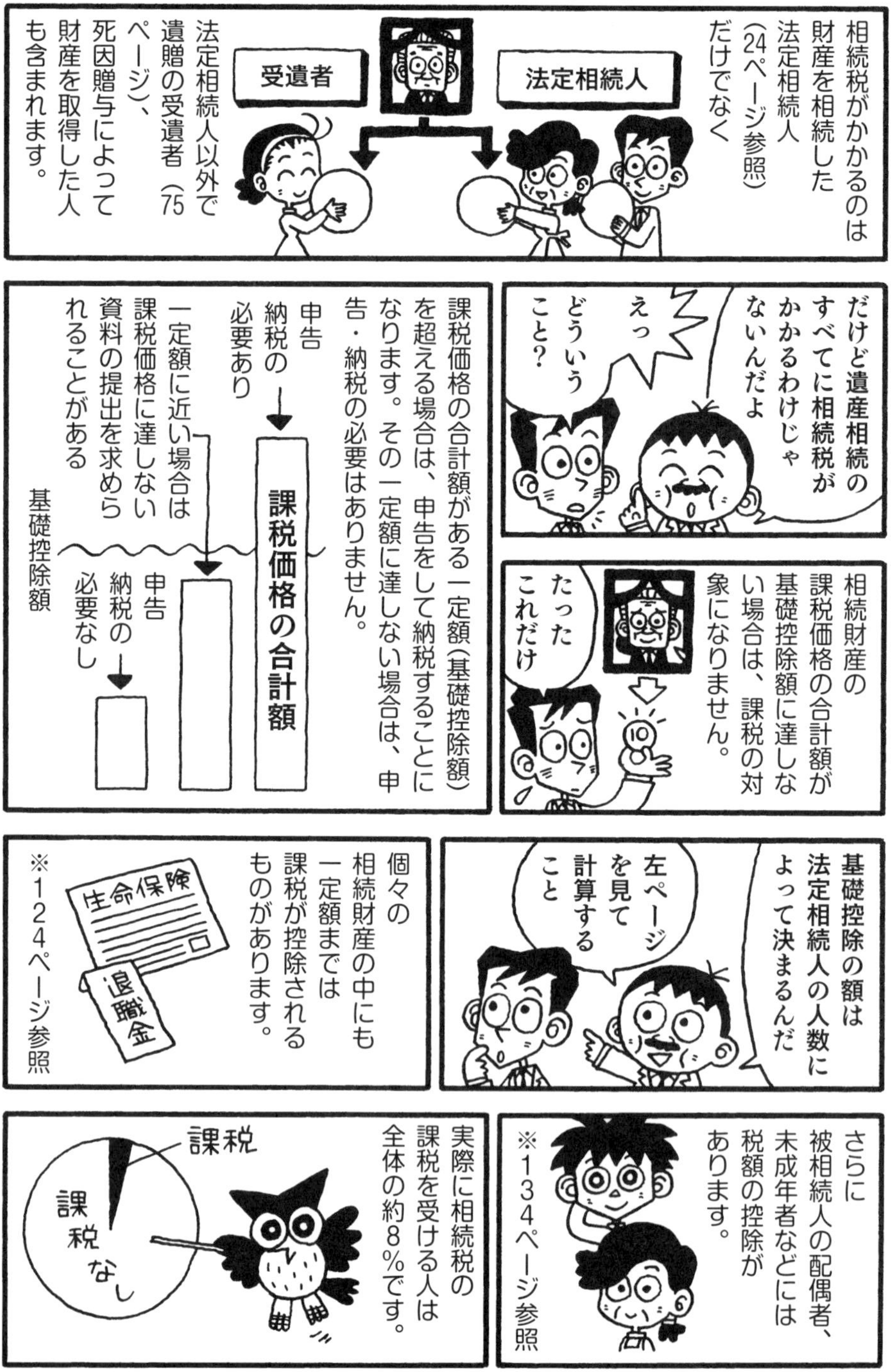

相続税がかかるのは財産を相続した法定相続人（24ページ参照）だけでなく
法定相続人
受遺者
法定相続人以外で遺贈の受遺者（75ページ）、死因贈与によって財産を取得した人も含まれます。
だけど遺産相続のすべてに相続税がかかるわけじゃないんだよ
えっ
どういうこと？
課税価格の合計額がある一定額（基礎控除額）を超える場合は、申告をして納税することになります。その一定額に達しない場合は、申告・納税の必要はありません。
申告 納税の 必要あり
課税価格の合計額
一定額に近い場合は 課税価格に達しない 資料の提出を求められることがある
申告 納税の 必要なし
基礎控除額
相続財産の課税価格の合計額が基礎控除額に達しない場合は、課税の対象になりません。
たったこれだけ
10
基礎控除の額は法定相続人の人数によって決まるんだ
左ページを見て計算すること
個々の相続財産の中にも一定額までは課税が控除されるものがあります。
※124ページ参照
生命保険
退職金
さらに被相続人の配偶者、未成年者などには税額の控除があります。
※134ページ参照
実際に相続税の課税を受ける人は全体の約8%です。
課税
課税なし

相続税の基礎控除額の算出方法

相続税の基礎控除額は、次のように算出します。

3000万円	＋	600万円×法定相続人の人数

※法定相続人の人数には、相続放棄をした人も含まれます。

▶例えば、法定相続人が3人で、遺産の総額が2億円なら

3000万円＋600万円×3人＝4800万円（基礎控除額）

2億円－4800万円＝1億5200万円

1億5200万円が相続税の課税される遺産総額になります。

▶法定相続人が5人で、遺産の総額が4000万円なら

3000万円＋600万円×5人＝6000万円（基礎控除額）

4000万円－6000万円＝－2000万円

課税される遺産総額が基礎控除額に達しないので課税はありません。

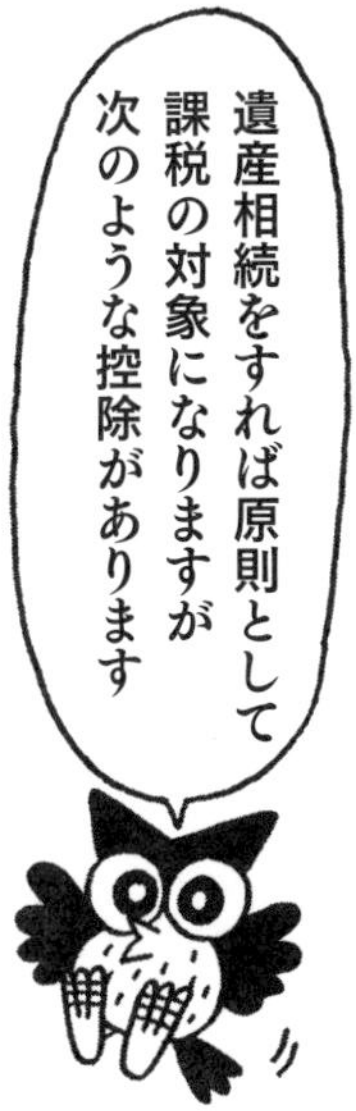
遺産相続をすれば原則として課税の対象になりますが次のような控除があります

●**相続税の基礎控除**

課税価格の合計額のうち、一定額までは課税の対象になりません（基礎控除➡上段参照）。

●**配偶者の相続税額軽減措置**

基礎控除とは別に、被相続人の配偶者、未成年者などには税額の控除があります（134ページ参照）。特に、配偶者の税額軽減控除は大きいので、ぜひ活用するべきです。

●**農地等についての相続税の納税猶予**

農業相続人が、農地、採草地、準農地を取得したとき、一定の条件に当てはまるとその農地等の価額の一部に対する相続税の納税が猶予されます。さらに一定の条件を満たす場合には、納税猶予された相続税が免除されるようになっています（下段参照）。

※相続開始前3年以内に被相続人から受けていた生前贈与の額も相続税の課税価格に加えますが（121ページ）、その生前贈与時にすでに贈与税を支払っている場合には、その税額を相続税額から控除することができます。

Q 農地についての納税猶予は

農業を営んでいた被相続人から相続人が一定の農地等を相続して農業を営む場合には、一定の要件の下にその取得した農地等の価額のうち農業投資価額による価額を超える部分に対応する相続税額は、農業を継続する限り、その納税を猶予されます。

また、その納税猶予税額も、①その相続人が死亡した場合、②その相続人が特例農地等（この特例の適用を受ける農地等をいいます）の全部を農業後継者に生前一括贈与した場合、③その相続人が農業を20年間継続した場合（特例農地等のうち三大都市圏の特定市以外の区域内に所在する市街化区域内農地等）、には免除されます。

3. 非課税財産・相続財産から控除されるものは

相続や遺贈によって取得した財産には原則として相続税がかかるけど
相続税のかからない非課税財産もあるんだよ
控除
さらに葬式費用や被相続人が残した債務は相続財産から控除されるんだ

生命保険金（非課税限度額あり）

各相続人が受け取った保険金のうち左の算式によって計算した金額までは非課税となります。

$$\left(\text{500万円×法定相続人の数（保険金の非課税限度額）}\right) \times \frac{\text{その相続人の受け取った保険金の合計額}}{\text{相続人全員の受け取った保険金の合計額}}$$

生命保険

※相続人全員の受け取った保険金合計額が「500万円×法定相続人の数」（保険金の非課税限度額）以下である場合には、各相続人の受け取った保険金の全額が非課税となります。

退　職　金（非課税限度額あり）

各相続人が支給を受けた退職手当金等のうち、左の算式によって計算した金額までは非課税となります。

$$\left(\text{500万円×法定相続人の数（退職手当金等の非課税限度額）}\right) \times \frac{\text{その相続人の支給を受けた退職手当金の合計額}}{\text{相続人全員の支給を受けた退職手当金の合計額}}$$

会社
退職金

※相続人全員の支給を受けた退職手当金の合計額が「500万円×法定相続人の数」（退職手当金の非課税限度額）以下である場合には、各相続人の支給を受けた退職手当金等の全額が非課税となります。

墓石、霊廟、祭具ならびにそれに準ずるもの（非課税）

墓地・墓石、神棚・仏壇・仏具などは非課税です（ただし、趣味・投資目的などで仏像を持っている場合は非課税扱いにはなりません）。

○×家之墓

公共事業用財産（非課税）

相続によって取得した財産で、宗教、慈善、学術、その他公益を目的とする事業に供することが確実なものは、非課税になります。

社会福祉事業、
学校、
厚生保護事業など

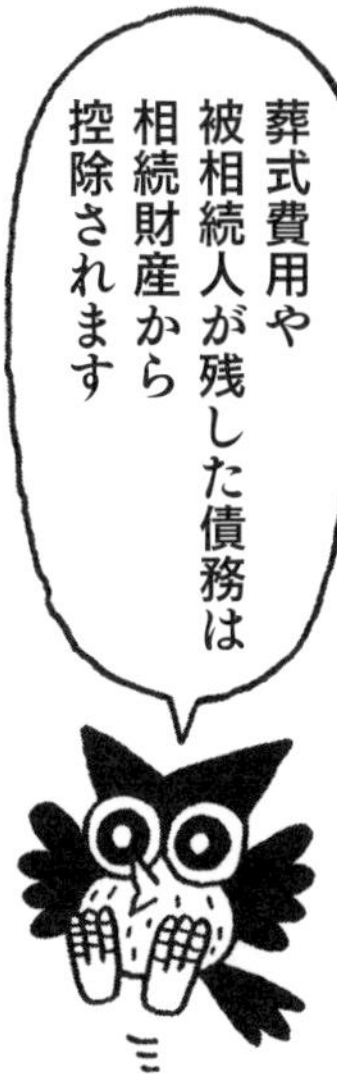
葬式費用や被相続人が残した債務は相続財産から控除されます

●葬式費用の控除

次のような費用は相続財産から控除できます。

①葬式費用またはそれ以前の埋葬・火葬費用。

②葬式に際し支出した金品で、被相続人の職業、財産、その他の事情に照らして相当と認められるもの。

③その他葬儀の前後に出費したもので、通常葬儀に付随して支出されたもの。

④遺体の捜索や運搬に要した費用。

ただし、次のようなものは認められません。

①香典のお返し（香典収入は相続財産に含めなくてよい）。

②墓地および墓碑の購入費用または借用料。

③法事に要した費用。

●債務控除

被相続人が残した借入金や未払金などの債務は、相続財産から控除されます。また、被相続人の納税義務が確定している国税や地方税で未納のものも債務となるほか、一定の条件にあてはまる保証債務や連帯債務で弁済義務が確定しているものも債務控除の対象となります。

Q 控除できる債務・葬式費用

●控除できる債務

控除できる債務には、一般の債務のほか、次のようなものが含まれます。

㋑ 被相続人が納めなければならなかった国税、地方税などで、まだ納めていなかったもの

㋺ その年の1月1日から被相続人の死亡の日までの所得に対する準確定申告書の提出により納めることとなった所得税

㋩ 一定の条件に当てはまる保証債務や連帯債務

●控除できる葬式費用

葬式費用とは、次のようなものです。

（できるだけ、領収書をそろえておく）

㋑ お寺などへの支払い

㋺ 葬儀社、タクシー会社などへの支払い

㋩ お通夜に要した費用

4. 相続財産の評価の仕方

区分	評価の仕方
宅地 	利用単位となっている一区画の宅地ごとに次の種類に応じて評価する。 ①市街地の宅地――路線価に面積をかけて評価（路線価方式）。 ②路線価のない宅地――固定資産税評価額に倍率をかけて評価（倍率方式）。 ※路線価・倍率は税務署の窓口で教えてくれる。
農地・山林 	耕作単位となっている一枚の農地ごとに次の種類に応じて評価する。 ①純農地（山林）・中間農地（山林）――倍率方式で評価。 ②市街地農地（山林）――その農地（山林）が宅地であるとした場合の価格から造成費として定められた金額を控除した金額で評価。 ③市街地周辺農地（山林）――市街地農地の8割に相当する金額で評価。 ④生産農地――右により評価した価額から、買い取り申し出ができる日までの残存期間により10％～35％控除。
家屋	一棟の家屋ごとの固定資産税評価額。
借地権	自用の土地の評価額に借地権割合をかけて評価（借地権割合は3割～9割の7段階で、税務署に備付けの路線価図でわかる）。
借家権	自用の土地の評価額に借地権割合、借家権割合をかけて評価する（借家権割合は税務署の窓口でわかる）。
上場株式	被相続人が死亡した日の終値か、相続開始の月、その前月、その前々月の3カ月の平均株価のうち一番安い値で評価。

取引相場のない株式	その株式の発行会社を大きさにより区分して、それぞれ違った方式で評価するが、専門家に相談した方がよい。
公社債	①割引発行のもの——発行価額と相続開始日までの経過利子の合計額。 ②利付きのもの——発行価額と、前回の利子支払日の翌日から相続開始日までの経過利子の合計額。
預貯金	相続開始日現在の預貯金残高と、その日までの経過利子との合計額。
貸付金 未収入金	元本と相続開始日までの経過利子との合計額（回収不能額があるときは、その金額は元本に含めない）。
受取手形	①支払期限の到来しているもの、および課税時期から6カ月以内に期日の到来するものは券面額による。 ②右以外のものは、課税時期に銀行などで割引した場合に回収できる額。
その他 	・家庭用財産——原則として、評価しようとするものと同種、同規格、同程度に消耗したものを買う場合の評価（調達価額）。 ・書画・骨董——売買実例価額、精通者意見価額を参考にして評価（販売業者が有するものは、たな卸し商品評価）。 ・自動車——中古価格。 ・電話加入権——譲渡した場合の価額。 ・退職金——支給額（非課税限度額あり⬇124ページ）。 ・生命保険金——支払われた保険金額（非課税限度額あり⬇124ページ）。

Q 小規模宅地等の特例は

個人が相続した宅地の一定面積までの部分（小規模宅地等）は一定割合の評価減をする特例があります。

(1) 居住用宅地

①被相続人と同居していた親族（配偶者は同居不要）、②被相続人と生計を一にする別居親族（被相続人が老人ホームに入居したようなケース）、③配偶者も同居親族もないとき、持ち家のない別居親族（相続開始前3年以内に本人や3親等以内の親族所有の家に住んでいないなどの要件あり）が取得し、相続税申告時まで住み続けている場合…330㎡まで80%の評価減

(2) 事業用宅地

被相続人が営んでいた事業（相続開始前3年以内の事業開始は除外）を引き続き営む場合…400㎡まで80%の評価減（※貸付用宅地等は略）

5. 相続税の計算の仕方

※相続時精算課税制度（121ページ）を利用している場合は期間にかかわらず贈与額を加えます。

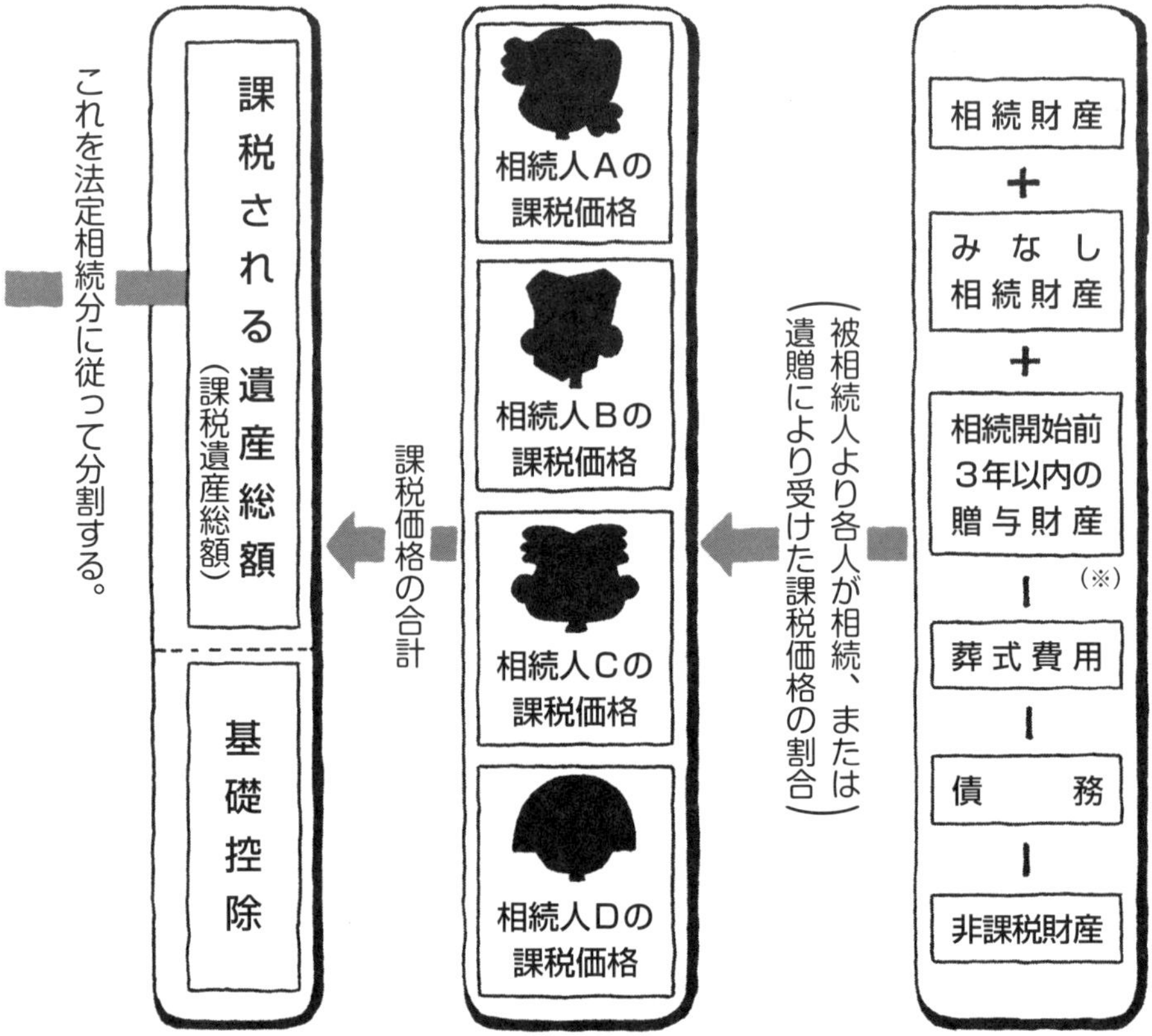

●相続税の計算の流れ

①まず、それぞれの遺産の税務上の評価額（126ページ参照）で、遺産の総額を算出します。相続や遺贈によって取得した財産だけでなく、みなし相続財産や相続開始前3年以内の贈与財産も含まれます（120ページ）。そこから葬式費用、被相続人の債務、非課税財産の価額を控除します（124ページ）。これが課税価格の合計額です。

②課税価格から基礎控除額（123ページ）を差し引くと、課税される遺産の総額が算出されます。基礎控除額は、法定相続人の人数に600万円を掛けたものに3000万円を加えた額です。

相続人Aの法定相続分×税　率

相続人Bの法定相続分×税　率

相続人Cの法定相続分×税　率

相続人Dの法定相続分×税　率

税率は相続税率速算表
↓131ページによる

→ **相続税総額**

（さらにこれらを各人の実際の課税価格の大きさに応じて按分する）

→

相続人Aの負担分（配偶者には税額控除あり）

相続人Bの負担分

相続人Cの負担分（未成年者には税額控除あり）

相続人Dの負担分

→ **各人の負担する税額**

◎相続開始前3年以内に贈与を受け支払っている贈与額分は控除される※

③課税される遺産の総額を、法定相続人が法定相続分（38ページ）に応じて取得したものとみなします。相続放棄した法定相続人も相続したものとします。相続税速算表（131ページ）によって、各人の相続税を算出します。この仮の各人ごとの相続税額の合計が相続税総額です。

④最後に、各相続人または受遺者が、実際に取得した財産（各人の課税価格）に応じて相続税を負担することになります。このとき、被相続人の配偶者・未成年者などには、税額の控除があります（134ページ）。

まず、相続分の総額を出してそれから実際の相続分に応じて按分するわけか…
次のページから具体例をあげて計算してみよう

※相続時精算課税制度を利用している場合は時期を問わず、贈与時に贈与税を支払済みの額も除きます。

〈サンプル・ケース〉
●相続人は妻と子３人
（うち未成年者１人）
●遺産は
相続財産　　１億４７２０万円
みなし相続財産　　５００万円
生前贈与　　１６０万円
●非課税財産　　２００万円
●債務　　１００万円
●葬式費用　　８０万円

❶ 課税価格

相続財産　１億４７２０万円

＋

みなし相続財産　５００万円

＋

生前贈与（相続開始前３年以内）➡妻へ１６０万円

－

債　務　１００万円

＋

葬式費用　80万円

＋

非課税財産２００万円

＝

1億5000万円

❷ 基礎控除額

3000万円

＋

法定相続人数　×　６００万円
（４人）　＝　２４００万円

＝

５４００万円

❸ 課税される遺産総額

1 － 2 ＝ ９６００万円

4 相続税の総額

▶法定相続分どおりに
相続したとする

相続税の税率		
基礎控除後の税額	税率	控除額
1,000万円以下	10 %	0円
3,000万円以下	15 %	50万円
5,000万円以下	20 %	200万円
1億円以下	30 %	700万円
2億円以下	40 %	1,700万円
3億円以下	45 %	2,700万円
6億円以下	50 %	4,200万円
6億円超	55 %	7,200万円

▶3の課税される遺産総額を法定相続分で分割し、上の税率速算表によって各人の相続税額を算出する。

配偶者（妻）

９６００万円×$\frac{1}{2}$＝４８００万円

⇨　×２０％－２００万円＝７６０万円

〈相続税率〉　〈控除額〉　〈税額〉

子（３人）

９６００万円×$\frac{1}{2}$×$\frac{1}{3}$＝１６００万円

⇨×１５％－５０万円＝１９０万円

〈相続税率〉　〈控除額〉　〈税額〉

▶各人の相続税額の合計が相続税の総額となる

７６０万円＋１９０万円×３＝１３３０万円……………相続税総額

Q 養子縁組と基礎控除

養子であっても実子同様に法定相続人となりますから、養子を1人とれば基礎控除額も600万円増えることになります。

ただ、野放図に養子を増やすことはできず、実子が1人でもいれば養子は1人、実子がいないときは2人までしか基礎控除額の増大は認められません（控除額を増やすためだけの縁組とみなされれば1人でも否認される恐れがあります）。

孫を養子にして控除枠を広げる節税法がとられることがありますが、この場合も人数は1人まで。しかも600万円の控除額増加と引換えに、その孫養子は税額を2割増とされます（相続税法18条）。なお、孫が代襲して相続したり、孫（正確には直系卑属）以外の者が養子になるのなら、税額の割増はありません。

▶１３０ページのケースで、実際の相続の内訳が以下のようであったとすると…

妻 
７３４０万円＋
１６０万円生前贈与＝７５００万円
（前年）

長男  １５００万円＝１５００万円

長女  １５００万円＝１５００万円

次男  ４５００万円＝４５００万円

⇩

合計　１億５０００万円

５ 各人の相続税額

▶妻の相続税額

７５００万円÷１億５０００万円＝０．５０

１３３０万円×０．５０＝６６５万円………相続税額

※さらに贈与税控除、
配偶者の税額軽減控除（１３４ページ）があり、
実際に払う相続税はなし。

▶長男と長女の相続税額

１５００万円÷１億５０００万円＝０．１

１３３０万円×０．１＝１３３万円………相続税額

▶次男（１５歳）の相続税額

４５００万円÷１億５０００万円＝０．３

１３３０万円×０．３＝３９９万円………相続税額

※さらに未成年者の税額控除（１３４ページ）がある。

妻の税額控除

▶相続開始前３年以内に贈与があり、すでに贈与税を納めている場合はその額は相続税から控除されます（１３５ページ参照）。

贈与１６０万円⇨贈与税５万円

妻の相続税額６６５万円－５万円＝ **６６０万円**

▶配偶者には相続税の税額軽減控除があります（１３４ページ参照）。

Ａ．純遺産総額の法定相続分　１億５０００万円×０．５＝７５００万円

Ｂ．１億６０００万円

Ｃ．ＡとＢのいずれか多い方

Ａ．７５００万円 ＜ Ｂ．１億６０００万円 ⇨ １億６０００万円

Ｄ．実際に妻が取得した金額 ⇨ ７５００万円

Ｅ．ＣとＤのいずれか少ない方

Ｃ．１億６０００万円 ＞ Ｄ．７５００万円 ⇨ ７５００万円（※）

１３３０万円（相続税総額） × ７５００万円(※) ／ 課税価格の合計額 １億５０００万円 ＝ ６６５万円(配偶者税額軽減控除の額)

６６０万円（贈与税控除後の税額） － ６６５万円（配偶者税額軽減控除額） ＝ **０円（相続税なし）**

◎配偶者控除の上記算式は複雑ですので、１億６０００万円までか、それを超えても法定相続分＝２分の１までの相続なら課税されないと覚えておくとよいでしょう。

次男（15歳）の税額控除

15歳

▶未成年者には税額控除があります(１３４ページ参照)

１０万円 ×（２０－１５歳)＝５０万円(税額控除額)

３９９万円（相続税額） － ５０万円（控除額） ＝ **３４９万円**

Q 評価額を調べるには

遺産の税務評価は、なかなか難しいものです。

税務署には、資産税係に「評価基準」という分厚い本が備え付けてあります。

これを見て検討したり、また、分からないことがあったら税務署の係員に相談するのもよいでしょう。

6. 相続税を軽減する方法

相続税には税額控除があるって聞いたけど
うん
配偶者 未成年者 障害者などには税額控除があるよ
相続税対策のひとつに、控除をどう利用するかがある
特に配偶者の控除額は大きいから、ぜひ活用することだね

配偶者の税額軽減控除

配偶者

相続人または受遺者が被相続人の配偶者の場合、その配偶者の相続税額から、次の算式により計算された税額が控除されます。

$$\text{相続税の総額} \times \frac{\text{①または②のうち少ない方の額}}{\text{課税価格の合計額}} = \boxed{\text{配偶者の税額軽減額}}$$

①課税価格の合計額に法定相続分を乗じて計算した金額
※この額が16,000万円未満のときは16,000万円。
②配偶者の課税価格（実際取得額）

障害者控除

控除額
10万円×（70歳－障害者の年齢）

30歳だから 10×40で 400万円

相続人が障害者である場合は10万円（特別障害者の場合は20万円）にその人が満70歳に達するまでの年数を掛けた額が税額控除されます。

未成年者控除

控除額
10万円×（20歳－未成年者の年齢）

15歳だから 10×5で 50万円！

相続人が20歳未満の法定相続人の場合10万円にその未成年者が20歳に達するまでの年数を掛けた額が税額控除されます。

相次相続控除

相続で財産を得た場合、被相続人がさかのぼって10年以内に相続で財産を得た者であれば、一定の算式で控除を受けられます。

$$A \times \frac{C}{B-A}\left(\begin{array}{l}\text{この割合が100分の100を超え}\\\text{るときは100分の100とする}\end{array}\right) \times \frac{D}{C} \times \frac{10\text{年}-E}{10\text{年}}$$

＝ 相次相続控除額

A……第１次相続のとき今回の被相続人が課せられた相続税額。

B……第１次相続により今回の被相続人が取得した財産の価額。

C……第２次相続により相続人全員が取得した財産の価額。

D……第２次相続により申告者が取得した財産の価額。

E……第１次相続のときから第２次相続のときまでの年数。

贈与税控除

相続開始前3年以内の贈与で、すでに贈与税を納めていたら、その税額を相続税から差引くことができます。

相続税額－贈与税額

外国税控除

相続によって外国にある財産を取得した場合、すでに外国で相続税を課せられていたら日本の相続税額を限度として控除が受けられます。

Q 税額が加算される場合は

相続人または受遺者のうちに、被相続人（死亡した人）の配偶者と一親等の血族（子や親）以外の者（兄弟姉妹など）がいるときには、その者は、その者の税額の20％相当額を加算して納付することになります。

孫養子は一親等の血族になるため20％加算は適用されませんでしたが、平成15年から20％加算を追加されました。

なお、被相続人の子が先に死亡し、その子である孫が代襲相続しても、この場合の孫には20％の加算はありません。

なお、20％の加算の後の税額がその人の課税価格の55％を超える場合、相続税の最高税率が55％ですから、課税価格の55％相当額が納税額となります。

7. 相続税の申告での注意点

相続税の申告は
相続人の住所地の所轄税務署ではなく
被相続人の住所地の所轄税務署にします。
被相続人の住所地の所轄税務署
税務署
申告書
まず近くの税務署の資産税係に行って申告書をもらいます。
資産税課
自動的に申告書が送られてくるわけではありません。
う～む
申告書といっしょに説明書をくれるからそれを読めば申告書の書き方がわかるよ
相続税の申告書の提出は相続開始の日から法で定める日までに行うことになっています（申告期限）。
申告書の提出期限と税の納付期限は同じ！
申告書
10000
税の納付も相続税の申告書の提出期限までということになっています。
平成7年分の相続の申告期限は相続開始から9カ月を経過する日または平成7年10月31日のいずれか遅い月でしたが
税務署
平成8年以降の相続からは相続開始から10カ月を経過する日までとなりました
期限内に申告しないと、無申告加算税が課せられます。
申告？知らないね
無申告加算税
申告しても、納付が遅れると、延滞税が課せられます。
ごまかして少なく申告すると
へへ…
ばれないばれない…
ちゃんと申告しとくんだった…
修正申告させられ過少申告加算税が課せられます。

※相続税の申告書については、１３８～１４２ページのサンプルを参考にして下さい。

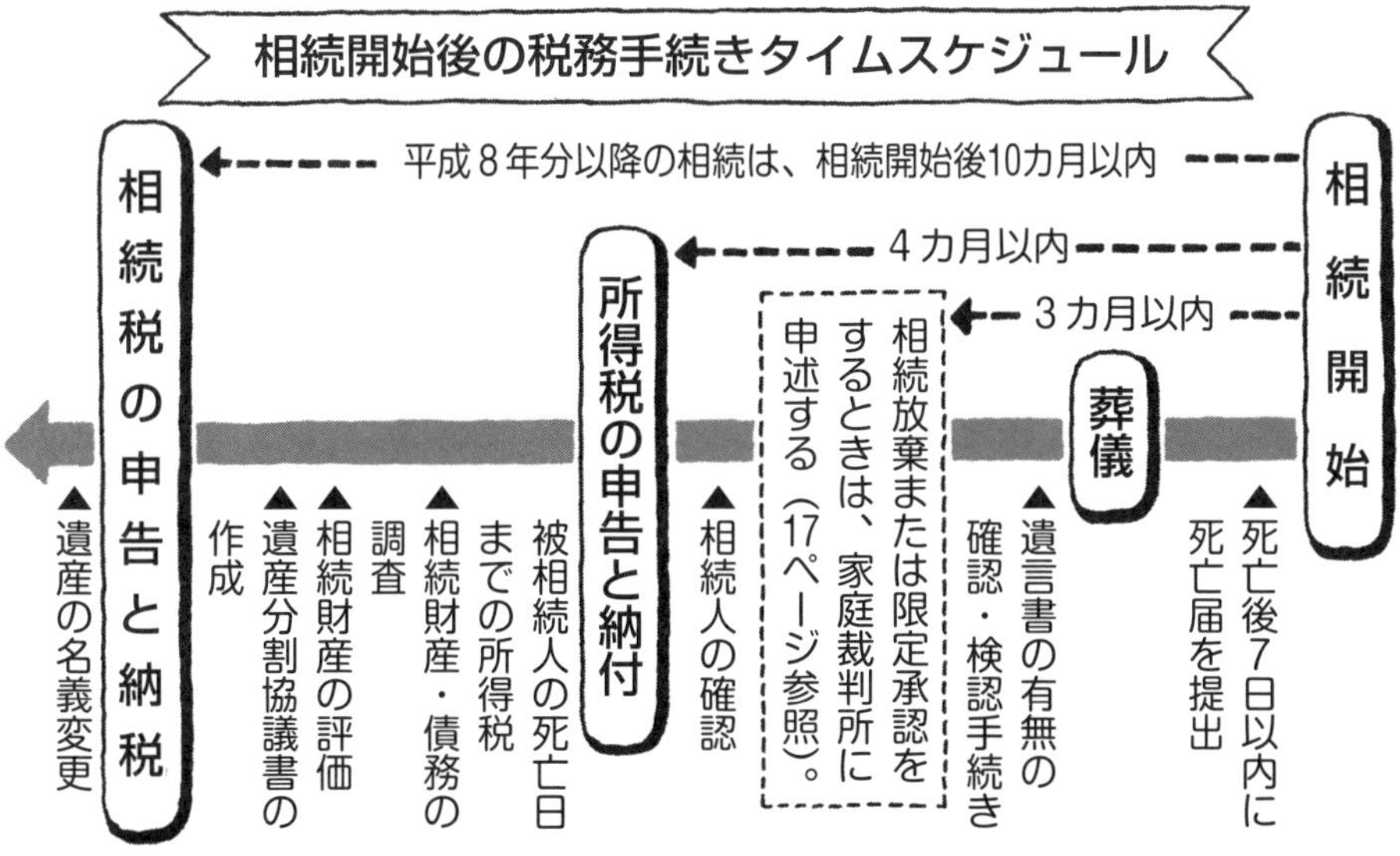

●申告する税務署は

被相続人の死亡で納税地が被相続人の住所地を管轄する税務署か、相続人の住所地を管轄する税務署か迷うところです。相続税の申告は相続人の住所地を管轄する税務署ではなく、被相続人の住所地を管轄する税務署になります。

●期限内に申告できないときは（期限後申告）

やむを得ない事情で期限内に申告できない場合は、所轄の税務署長に申告書の提出期限の延長を申請し、許可を受けられるようになっています。この許可もなく期限内に申告をしない場合は、無申告加算税が余分に徴収されます。

・期限内に申告をしないでいると、税務署から税務調査の事前通知があり、事情や納税額に応じて無申告加算税が課せられます。

・仮装・隠ぺいがあった場合は無申告加算税に変えて重加算税40％が課されます。

・申告だけして税の納付が遅れると、申告期限の翌日から2カ月経過する日まで年7・3％、その翌日から納付の日までは14・6％の延滞税が課せられます（いずれも原則…相続税が納められないとき➡143ページ参照）。

●少なく申告したときは（過少申告）

過少申告をすると、後で修正申告することになり、不正額に対して10％（追加納付金額によっては15％）の過少申告加算税が課せられます。

Q 贈与税の申告期間は

贈与税の申告期間は、贈与を受けた年の翌年2月1日から3月15日までとなっています。

また、申告期限までに金銭で納付することが原則ですが、相続税と同様に延納や物納の制度もあります。

ただ、延納の申請をしても税務署の調査によって申請が却下される場合もありますし、延納の期間についても最高5年までと上限があり、相続税とは異なります。

なお、申告書の提出先は、贈与した人の住所ではなく贈与を受けた人の住所地を所管する税務署です。

相続税の申告書

FD3561

＿＿＿＿税務署長
＿＿年＿＿月＿＿日 提出

相続開始年月日＿＿＿年＿＿月＿＿日

※申告期限延長日　　年　　月　　日

第1表（平成31年1月分以降用）

○フリガナは、必ず記入してください。

	各人の合計	財産を取得した人
フリガナ	（被相続人）	
氏名		㊞
個人番号又は法人番号		↓個人番号の記載に当たっては、左端を空欄としここから記入してください。
生年月日	年　月　日（年齢　歳）	年　月　日（年齢　歳）
住所（電話番号）		〒 （　－　－　）
被相続人との続柄 / 職業		
取得原因	該当する取得原因を○で囲みます。	相続・遺贈・相続時精算課税に係る贈与
※整理番号		

区分	項目	番号	各人の合計	財産を取得した人
課税価格の計算	取得財産の価額（第11表③）	①	円	円
	相続時精算課税適用財産の価額（第11の2表1⑦）	②		
	債務及び葬式費用の金額（第13表3⑦）	③		
	純資産価額（①+②-③）（赤字のときは0）	④		
	純資産価額に加算される暦年課税分の贈与財産価額（第14表1④）	⑤		
	課税価格（④+⑤）（1,000円未満切捨て）	⑥	000 Ⓐ	000
各人の算出税額の計算	法定相続人の数 / 遺産に係る基礎控除額		人　000000 円 Ⓑ	左の欄には、第2表の②欄の㋺の人数及び㋩の金額を記入します。
	相続税の総額	⑦	00	左の欄には、第2表の⑧欄の金額を記入します。
	一般の場合（⑩の場合を除く） あん分割合（各人の⑥ / Ⓐ）	⑧	1.00	.
	一般の場合（⑩の場合を除く） 算出税額（⑦×各人の⑧）	⑨	円	円
	農地等納税猶予の適用を受ける場合 算出税額（第3表⑬）	⑩		
	相続税額の2割加算が行われる場合の加算金額（第4表⑦）	⑪	円	円
各人の納付・還付税額の計算	税額控除 暦年課税分の贈与税額控除額（第4表の2㉕）	⑫		
	税額控除 配偶者の税額軽減額（第5表㋩又は㋬）	⑬		
	税額控除 未成年者控除額（第6表1②、③又は⑥）	⑭		
	税額控除 障害者控除額（第6表2②、③又は⑥）	⑮		
	税額控除 相次相続控除額（第7表⑬又は⑱）	⑯		
	税額控除 外国税額控除額（第8表1⑧）	⑰		
	税額控除 計	⑱		
	差引税額（⑨+⑪-⑱）又は（⑩+⑪-⑱）（赤字のときは0）	⑲		
	相続時精算課税分の贈与税額控除額（第11の2表1⑧）	⑳	00	00
	医療法人持分税額控除額（第8の4表2B）	㉑		
	小計（⑲-⑳-㉑）（黒字のときは100円未満切捨て）	㉒		
	納税猶予税額（第8の8表⑧）	㉓	00	00
	申告納税額（㉒-㉓） 申告期限までに納付すべき税額	㉔	00	00
	申告納税額（㉒-㉓） 還付される税額	㉕	△	△

※税務署整理欄								
申告区分		年分		グループ番号		補完番号		補完番号
名簿番号		申告年月日		関与区分	書面添付	検算印	管理補完	確認

作成税理士の事務所所在地・署名押印・電話番号　㊞

□ 税理士法第30条の書面提出有
□ 税理士法第33条の2の書面提出有

※税務署整理欄　通信日付印　年月日　・・　（確認者印）

税務署受付印

○この申告書は機械で読み取りますので、黒ボールペンで記入してください。
また、申告書と添付資料を一緒にとじないでください。

※の項目は記入する必要がありません。

（注）㉒欄の金額が赤字となる場合は、㉒欄の左端に△を付してください。なお、この場合で、㉒欄の金額のうちに贈与税の外国税額控除額（第11の2表1⑨）があるときの㉕欄の金額については、「相続税の申告のしかた」を参照してください。

（資4－20－1－1－A4統一）第1表（令元.7）

相続税の申告書(続)

FD3562

○この申告書は機械で読み取りますので、黒ボールペンで記入してください。

第1表(続)(平成31年1月分以降用)

○フリガナは、必ず記入してください。

			財産を取得した人	財産を取得した人
			※申告期限延長日　年　月　日	※申告期限延長日　年　月　日
フリガナ				
氏名			㊞	㊞
個人番号又は法人番号			↓個人番号の記載に当たっては、左端を空欄としここから記入してください。	↓個人番号の記載に当たっては、左端を空欄としここから記入してください。
生年月日			年　月　日(年齢　歳)	年　月　日(年齢　歳)
住所(電話番号)			〒 (　－　－　)	〒 (　－　－　)
被相続人との続柄	職業			
取得原因			相続・遺贈・相続時精算課税に係る贈与	相続・遺贈・相続時精算課税に係る贈与
※整理番号				
課税価格の計算	取得財産の価額(第11表③)	①	円	円
	相続時精算課税適用財産の価額(第11の2表1⑦)	②		
	債務及び葬式費用の金額(第13表3⑦)	③		
	純資産価額(①+②−③)(赤字のときは0)	④		
	純資産価額に加算される暦年課税分の贈与財産価額(第14表1④)	⑤		
	課税価格(④+⑤)(1,000円未満切捨て)	⑥	000	000
各人の算出税額の計算	法定相続人の数　遺産に係る基礎控除額			
	相続税の総額	⑦		
	一般の場合(⑩の場合を除く) あん分割合(各人の⑥/Ⓐ)	⑧	.	.
	一般の場合(⑩の場合を除く) 算出税額(⑦×各人の⑧)	⑨	円	円
	農地等納税猶予の適用を受ける場合 算出税額(第3表⑬)	⑩		
	相続税額の2割加算が行われる場合の加算金額(第4表⑦)	⑪	円	円
各人の納付・還付税額の計算	税額控除 暦年課税分の贈与税額控除額(第4表の2㉕)	⑫		
	税額控除 配偶者の税額軽減額(第5表㋭又は㋬)	⑬		
	税額控除 未成年者控除額(第6表1②、③又は⑥)	⑭		
	税額控除 障害者控除額(第6表2②、③又は⑥)	⑮		
	税額控除 相次相続控除額(第7表⑬又は⑱)	⑯		
	税額控除 外国税額控除額(第8表1⑧)	⑰		
	税額控除 計	⑱		
	差引税額(⑨+⑪−⑱)又は(⑩+⑪−⑱)(赤字のときは0)	⑲		
	相続時精算課税分の贈与税額控除額(第11の2表1⑧)	⑳	00	00
	医療法人持分税額控除額(第8の4表2B)	㉑		
	小計(⑲−⑳−㉑)(黒字のときは100円未満切捨て)	㉒		
	納税猶予税額(第8の8表⑧)	㉓	00	00
	申告納税額(㉒−㉓) 申告期限までに納付すべき税額	㉔	00	00
	申告納税額(㉒−㉓) 還付される税額	㉕	△	△

※税務署整理欄	申告区分		年分		グループ番号		補完番号		補完番号	
	名簿番号		申告年月日		管理補完	確認	検算印		管理補完	確認

※の項目は記入する必要がありません。

(注)㉒欄の金額が赤字となる場合は、㉒欄の左端に△を付してください。なお、この場合で、㉒欄の金額のうちに贈与税の外国税額控除額(第11の2表1⑨)があるときの㉕欄の金額については、「相続税の申告のしかた」を参照してください。

(資4－20－2－1－A4統一)第1表(続)(令元.7)

相続税の総額の計算書

被相続人	

第2表（平成27年分以降用）

〇この表を修正申告書の第2表として使用するときは、㋑欄には修正申告書第1表の㋺欄の⑥Ⓐの金額を記入し、㋭欄には修正申告書第3表の1の㋺欄の⑥Ⓐの金額を記入します。

この表は、第1表及び第3表の「相続税の総額」の計算のために使用します。

なお、被相続人から相続、遺贈や相続時精算課税に係る贈与によって財産を取得した人のうちに農業相続人がいない場合は、この表の㋭欄及び㋬欄並びに⑨欄から⑪欄までは記入する必要がありません。

① 課税価格の合計額		② 遺産に係る基礎控除額	③ 課税遺産総額	
㋑（第1表⑥Ⓐ）	円 ,000	3,000万円＋（600万円×㋺（Ⓐの法定相続人の数）　人）＝㋩　万円	㋥（㋑−㋩）	円 ,000
㋭（第3表⑥Ⓐ）	,000	㋺の人数及び㋩の金額を第1表Ⓑへ転記します。	㋬（㋭−㋩）	,000

④ 法定相続人（（注）1参照） 氏名	被相続人との続柄	⑤ 左の法定相続人に応じた法定相続分	第1表の「相続税の総額⑦」の計算 ⑥ 法定相続分に応ずる取得金額（㋥×⑤）（1,000円未満切捨て）	⑦ 相続税の総額の基となる税額（下の「速算表」で計算します。）	第3表の「相続税の総額⑦」の計算 ⑨ 法定相続分に応ずる取得金額（㋬×⑤）（1,000円未満切捨て）	⑩ 相続税の総額の基となる税額（下の「速算表」で計算します。）
			円 ,000	円	円 ,000	円
			,000		,000	
			,000		,000	
			,000		,000	
			,000		,000	
			,000		,000	
			,000		,000	
			,000		,000	
			,000		,000	
法定相続人の数	Ⓐ　人	合計　1	⑧ 相続税の総額（⑦の合計額）（100円未満切捨て）	00	⑪ 相続税の総額（⑩の合計額）（100円未満切捨て）	00

（注）1　④欄の記入に当たっては、被相続人に養子がある場合や相続の放棄があった場合には、「相続税の申告のしかた」をご覧ください。

2　⑧欄の金額を第1表⑦欄へ転記します。財産を取得した人のうちに農業相続人がいる場合は、⑧欄の金額を第1表⑦欄へ転記するとともに、⑪欄の金額を第3表⑦欄へ転記します。

相続税の速算表

法定相続分に応ずる取得金額	10,000千円以下	30,000千円以下	50,000千円以下	100,000千円以下	200,000千円以下	300,000千円以下	600,000千円以下	600,000千円超
税率	10%	15%	20%	30%	40%	45%	50%	55%
控除額	−千円	500千円	2,000千円	7,000千円	17,000千円	27,000千円	42,000千円	72,000千円

この速算表の使用方法は、次のとおりです。

⑥欄の金額×税率−控除額＝⑦欄の税額　　⑨欄の金額×税率−控除額＝⑩欄の税額

例えば、⑥欄の金額30,000千円に対する税額（⑦欄）は、30,000千円×15%−500千円＝4,000千円です。

〇連帯納付義務について

相続税の納税については、各相続人等が相続、遺贈や相続時精算課税に係る贈与により受けた利益の価額を限度として、お互いに連帯して納付しなければならない義務があります。

第2表（令元.7）　　（資4−20−3−A4統一）

配偶者の税額軽減額の計算書

被相続人	

第5表（平成21年4月分以降用）

私は、相続税法第19条の２第１項の規定による配偶者の税額軽減の適用を受けます。

1　一般の場合

（この表は、①被相続人から相続、遺贈や相続時精算課税に係る贈与によって財産を取得した人のうちに農業相続人がいない場合又は②配偶者が農業相続人である場合に記入します。）

課税価格の合計額のうち配偶者の法定相続分相当額	（第１表のⒶの金額）〔配偶者の法定相続分〕 　　　　,000円 × ―― ＝ 　　　　円 上記の金額が16,000万円に満たない場合には、16,000万円	㋑※　　円

配偶者の税額軽減額を計算する場合の課税価格	① 分割財産の価額（第11表の配偶者の①の金額）	分割財産の価額から控除する債務及び葬式費用の金額 ② 債務及び葬式費用の金額（第１表の配偶者の③の金額）	③ 未分割財産の価額（第11表の配偶者の②の金額）	④ （②－③）の金額（③の金額が②の金額より大きいときは0）	⑤ 純資産価額に加算される暦年課税分の贈与財産価額（第１表の配偶者の⑤の金額）	⑥ （①－④＋⑤）の金額（⑤の金額より小さいときは⑤の金額）（1,000円未満切捨て）
	円	円	円	円	円	※　円 ,000

⑦ 相続税の総額（第１表の⑦の金額）	⑧ ㋑の金額と⑥の金額のうちいずれか少ない方の金額	⑨ 課税価格の合計額（第１表のⒶの金額）	⑩ 配偶者の税額軽減の基となる金額（⑦×⑧÷⑨）
円 00	円	円 ,000	円

配偶者の税額軽減の限度額	（第１表の配偶者の⑨又は⑩の金額）（第１表の配偶者の⑫の金額） （　　　　円 － 　　　　円）	㋺　　円
配偶者の税額軽減額	（⑩の金額と㋺の金額のうちいずれか少ない方の金額）	㋩　　円

（注）㋩の金額を第１表の配偶者の「配偶者の税額軽減額⑬」欄に転記します。

2　配偶者以外の人が農業相続人である場合

（この表は、被相続人から相続、遺贈や相続時精算課税に係る贈与によって財産を取得した人のうちに農業相続人がいる場合で、かつ、その農業相続人が配偶者以外の場合に記入します。）

課税価格の合計額のうち配偶者の法定相続分相当額	（第３表のⒶの金額）〔配偶者の法定相続分〕 　　　　,000円 × ―― ＝ 　　　　円 上記の金額が16,000万円に満たない場合には、16,000万円	㋥※　　円

配偶者の税額軽減額を計算する場合の課税価格	⑪ 分割財産の価額（第11表の配偶者の①の金額）	分割財産の価額から控除する債務及び葬式費用の金額 ⑫ 債務及び葬式費用の金額（第１表の配偶者の③の金額）	⑬ 未分割財産の価額（第11表の配偶者の②の金額）	⑭ （⑫－⑬）の金額（⑬の金額が⑫の金額より大きいときは0）	⑮ 純資産価額に加算される暦年課税分の贈与財産価額（第１表の配偶者の⑤の金額）	⑯ （⑪－⑭＋⑮）の金額（⑮の金額より小さいときは⑮の金額）（1,000円未満切捨て）
	円	円	円	円	円	※　円 ,000

⑰ 相続税の総額（第３表の⑦の金額）	⑱ ㋥の金額と⑯の金額のうちいずれか少ない方の金額	⑲ 課税価格の合計額（第３表のⒶの金額）	⑳ 配偶者の税額軽減の基となる金額（⑰×⑱÷⑲）
円 00	円	円 ,000	円

配偶者の税額軽減の限度額	（第１表の配偶者の⑩の金額）（第１表の配偶者の⑫の金額） （　　　　円 － 　　　　円）	㋭　　円
配偶者の税額軽減額	（⑳の金額と㋭の金額のうちいずれか少ない方の金額）	㋬　　円

（注）㋬の金額を第１表の配偶者の「配偶者の税額軽減額⑬」欄に転記します。

※　相続税法第19条の２第５項（隠蔽又は仮装があった場合の配偶者の相続税額の軽減の不適用））の規定の適用があるときには、「課税価格の合計額のうち配偶者の法定相続分相当額」の（第１表のⒶの金額）、⑥、⑦、⑨、「課税価格の合計額のうち配偶者の法定相続分相当額」の（第３表のⒶの金額）、⑯、⑰及び⑲の各欄は、第５表の付表で計算した金額を転記します。

第５表（令元.７）　　　　（資４－20－６－１－Ａ４統一）

未成年者控除額
障害者控除額 の計算書

被相続人	

第6表（平成27年分以降用）

1　未成年者控除

（この表は、相続、遺贈や相続時精算課税に係る贈与によって財産を取得した法定相続人のうちに、満20歳にならない人がいる場合に記入します。）

未成年者の氏名						計
年　齢 （1年未満切捨て）	①	歳	歳	歳	歳	
未成年者控除額	②	10万円×（20歳-____歳） ＝　0,000円	10万円×（20歳-____歳） ＝　0,000円	10万円×（20歳-____歳） ＝　0,000円	10万円×（20歳-____歳） ＝　0,000円	円 0,000
未成年者の第1表の（⑨＋⑪－⑫－⑬）又は（⑩＋⑪－⑫－⑬）の相続税額	③	円	円	円	円	円

（注）1　過去に未成年者控除の適用を受けた人は、②欄の控除額に制限がありますので、「相続税の申告のしかた」をご覧ください。
2　②欄の金額と③欄の金額のいずれか少ない方の金額を、第1表のその未成年者の「未成年者控除額⑭」欄に転記します。
3　②欄の金額が③欄の金額を超える人は、その超える金額（②－③の金額）を次の④欄に記入します。

控除しきれない金額 （②－③）	④	円	円	円	円	計　円 Ⓐ

（扶養義務者の相続税額から控除する未成年者控除額）

Ⓐ欄の金額は、未成年者の扶養義務者の相続税額から控除することができますから、その金額を扶養義務者間で協議の上、適宜配分し、次の⑥欄に記入します。

扶養義務者の氏名						計
扶養義務者の第1表の（⑨＋⑪－⑫－⑬）又は（⑩＋⑪－⑫－⑬）の相続税額	⑤	円	円	円	円	円
未成年者控除額	⑥					

（注）各人の⑥欄の金額を未成年者控除を受ける扶養義務者の第1表の「未成年者控除額⑭」欄に転記します。

2　障害者控除

（この表は、相続、遺贈や相続時精算課税に係る贈与によって財産を取得した法定相続人のうちに、一般障害者又は特別障害者がいる場合に記入します。）

		一般障害者		特別障害者		計
障害者の氏名						
年　齢 （1年未満切捨て）	①	歳	歳	歳	歳	
障害者控除額	②	10万円×（85歳-____歳） ＝　0,000円	10万円×（85歳-____歳） ＝　0,000円	20万円×（85歳-____歳） ＝　0,000円	20万円×（85歳-____歳） ＝　0,000円	円 0,000
障害者の第1表の（⑨＋⑪－⑫－⑬－⑭）又は（⑩＋⑪－⑫－⑬－⑭）の相続税額	③	円	円	円	円	円

（注）1　過去に障害者控除の適用を受けた人の控除額は、②欄により計算した金額とは異なりますので税務署にお尋ねください。
2　②欄の金額と③欄の金額のいずれか少ない方の金額を、第1表のその障害者の「障害者控除額⑮」欄に転記します。
3　②欄の金額が③欄の金額を超える人は、その超える金額（②－③の金額）を次の④欄に記入します。

控除しきれない金額 （②－③）	④	円	円	円	円	計　円 Ⓐ

（扶養義務者の相続税額から控除する障害者控除額）

Ⓐ欄の金額は、障害者の扶養義務者の相続税額から控除することができますから、その金額を扶養義務者間で協議の上、適宜配分し、次の⑥欄に記入します。

扶養義務者の氏名						計
扶養義務者の第1表の（⑨＋⑪－⑫－⑬－⑭）又は（⑩＋⑪－⑫－⑬－⑭）の相続税額	⑤	円	円	円	円	円
障害者控除額	⑥					

（注）各人の⑥欄の金額を障害者控除を受ける扶養義務者の第1表の「障害者控除額⑮」欄に転記します。

8. 相続税を払えないとき

税金は原則として金銭で一時に納付することになっているんだけど
税務署
どうしてもそれができない場合もあるよ…
そのようなときは延納、物納の制度があります

一度に払えないときは（延納制度）

相続税が多くて一度には払えないよ

延納の制度は期限内に相続税を完納できない場合に延納申請により、一定条件のもとで分割納入をすることができるというものです。

税務署
延納申請書

金銭で払えないときは（物納制度）

相続税が高くてとてもじゃないけど払えません

物納の制度は、相続税を金銭で一時納付できない場合に不動産物件等で物納することができるというものです。
地価が高騰しその売却が困難である状況下では相続税を物納するケースが増えます。

物納
税務署
相続税はこの物件で…

●延納制度とは何か

納税額が10万円を超える場合に、不動産が売却しにくく現金調達が間に合わないなどの事情があれば、担保を提供し、分割して相続税を納付できます。

延納をするための条件は次のとおりです。

① 相続税額が10万円を超えていること。

② 金銭納付を困難とする事由があり、その納付を困難とする金額の範囲内であること。

③ 相続税の納付期限までに、延納税額、期間、納期などを記載した延納申請書に、担保提供の書類を添付して納税地の税務署長に提出すること。

④ 延納税額に相当する担保を提供すること。

※延納税額が１００万円未満で、かつ、その延納期間が3年未満であるときには、担保を提供する必要はありません。

※申告期限から10年以内に限り、分納期限が未到来の税額部分について延納から物納への変更ができます。

延納の期間は
不動産割合等
により5年～
20年です

●物納制度とは何か

金銭による一時納付が困難な場合には、その困難な金額を限度として物納が認められています。物納できる財産は次のものに限られます。

① 国債および地方債

② 不動産および船舶

③ 社債および株式、投資信託や貸付信託の受益証券

なお、①～③の財産に適当な価格のものがない場合は、動産での物納も可能です。

●物納は損か得か

物納は、その物件の相続税の評価額で評価されます。

不動産を例にとると、高度成長期には、不動産の評価額が時価をかなり下回っていたので、物納するケースは少なかったようです。しかし、今日、不動産の時価が下落し、逆に不動産の相続税評価額が上昇し、場合によっては逆転するということも珍しくありません。そうなると、不動産を売却して納税するより（この場合、譲渡所得税・売却に伴う諸費用がかかる）不動産を物納するメリットが出てきます。

なお、不動産や山林などの物納では、譲渡所得税や山林所得の課税対象にはなりません。しかし、測量費や登記費用の負担は必要です。

Q 延納制度の利用と利子税の支払い

延納を利用すると、その間の利子を利子税として支払う必要があります。

相続財産に占める不動産の割合（価額）が高いほど利子税の利率（年利）は低く延納の期間は長くなるよう設定されています。一般に不動産は価額が大きく、換金しにくい財産です。相続税を高く引き上げ多くの現金が必要になるのに、換金しようにもすぐには売れないという、納税者としては困りものの財産なのです。

例えば不動産の割合が75％以上の場合、延納期間はその不動産部分につき20年、延納利子税の年利は3・6％が原則。しかし近年の低金利状況に配慮して特例が設けられ、平成31年1月1日現在の基準では年利０・７％の特例割合とされました。

ケース1. 相続税を納めすぎたとき

遺産分割も終わったし相続税の申告と納税も終わってやれやれよ
へ～これが申告書か…
お母さん！これ違うよ
相続税納めすぎだよ
えっ
でももう申告して税金納めたのよ！
間違って余分な税金を納めたときは申告提出期限後1年以内に更正の請求書を税務署に提出します。
納めすぎちゃったんです
検討の上で余分な税金は返してもらえます
返してくれたわ
じゃあ何か買って！

1年以後でも申告書に明らかな計算違いがあるようなときは
税務署に申告すれば正当額に訂正してくれます。
間違いは直します！
税務署

そのほかの事情で申告額に異同が生じたときも、特別の配慮がありますので税務署に相談して下さい。

Q もめている場合の申告は

相続では、相続人間の争いから、各自の相続財産がなかなか確定しない場合があります。この場合、各人の相続税額も決まらないことになります。

こうして遺産分割の協議がととのわないままに申告期限が到来した場合、相続税の総額を各人ごとに按分して、仮に納付するということになります。

ケース2. 申告漏れの財産に気がついたとき

相続税の申告と納税も終わってやれやれだ
お父さん！○△町の土地が相続財産から漏れてるよあれを入れると相続税増えるんじゃない⁉
え～忘れてたな
でも、ほっとけばいいだろう…
ダメよ！
修正申告しなくちゃ
申告漏れの財産に気がついたら修正申告書を提出します。
これ忘れてたんです
修正申告書の提出は税務署から更正の通知があるまでいつでもできます。
納税者が自主的に修正申告すればペナルティはありませんが、税務調査が行われてから修正申告すると過少申告加算税が付加されます。
過少申告加算税
忘れずに
申告しておくんだった…
増差税額については確定申告期限の翌日から延滞税が付加されるので速やかに納税することです。
税務署
ぴゅ～っ

Q 相続税は何年で時効か

税金の更正、または決定に関する権限は原則として、3年間これを行使しないと時効によって消滅します。

しかし、詐欺その他不正の場合には、7年間が時効ということになっています。したがって、例えば10年前の相続であれば、すでに時効であり、新しく課税されることはありません。

ケース3. 相続税の更正・決定に不服のとき

山田A蔵さんは申告期限内に申告書を提出し納税もしました。
私は納めるべきものはきちんと納める主義だ！
ところが税務署から呼出しを受け行ってみると
評価が低すぎる？
相続財産の評価が違うとして多額の更正を受けたのです。
私は正しく評価して申告したぞ！
脱税者扱いは納得できん！
税務署の更正や決定に不服のときは通知を受けた日の翌日から2カ月以内に不服の理由を明記した書面を税務署長に提出し「異議申立て」をすることができます。
異議ありありじゃ〜
異議申立書
「異議申立て」に理由があるときは原処分の取消し、変更がなされますが
却下
棄却
税務署
不適当あるいは理由がないときは却下・棄却されます。
「異議申立て」に対する結果について、さらに不服があるときは国税不服審判所に「審査の請求」をすることができます
(次ページ参照)。
不服だ

Q 更正請求・修正申告の事由

以下の場合には更正請求・修正申告をします。

① 未分割遺産について分割が行われたこと。

② 認知、相続の放棄の取消しなどの理由によって相続人に異動が生じたこと。

③ 遺留分につき支払いの請求があったこと。

④ 遺贈に係る遺言書の発見、遺贈の放棄があったこと。

⑤ 相続財産法人に係る財産の分与が行われたこと。

⑳ 相続税の申告期限後に遺産の分割が行われた場合で、配偶者の税額軽減の適用を受けられることとなったこと。

ケース4. 国税不服審判所への審査の請求

(前ページから続く)
税務署に「異議申立て」をしたものの その結果に不服のときは
審査請求
国税不服審判所
その通知を受けた日の翌日から1カ月以内に国税不服審判所に「審査の請求」をすることができます。

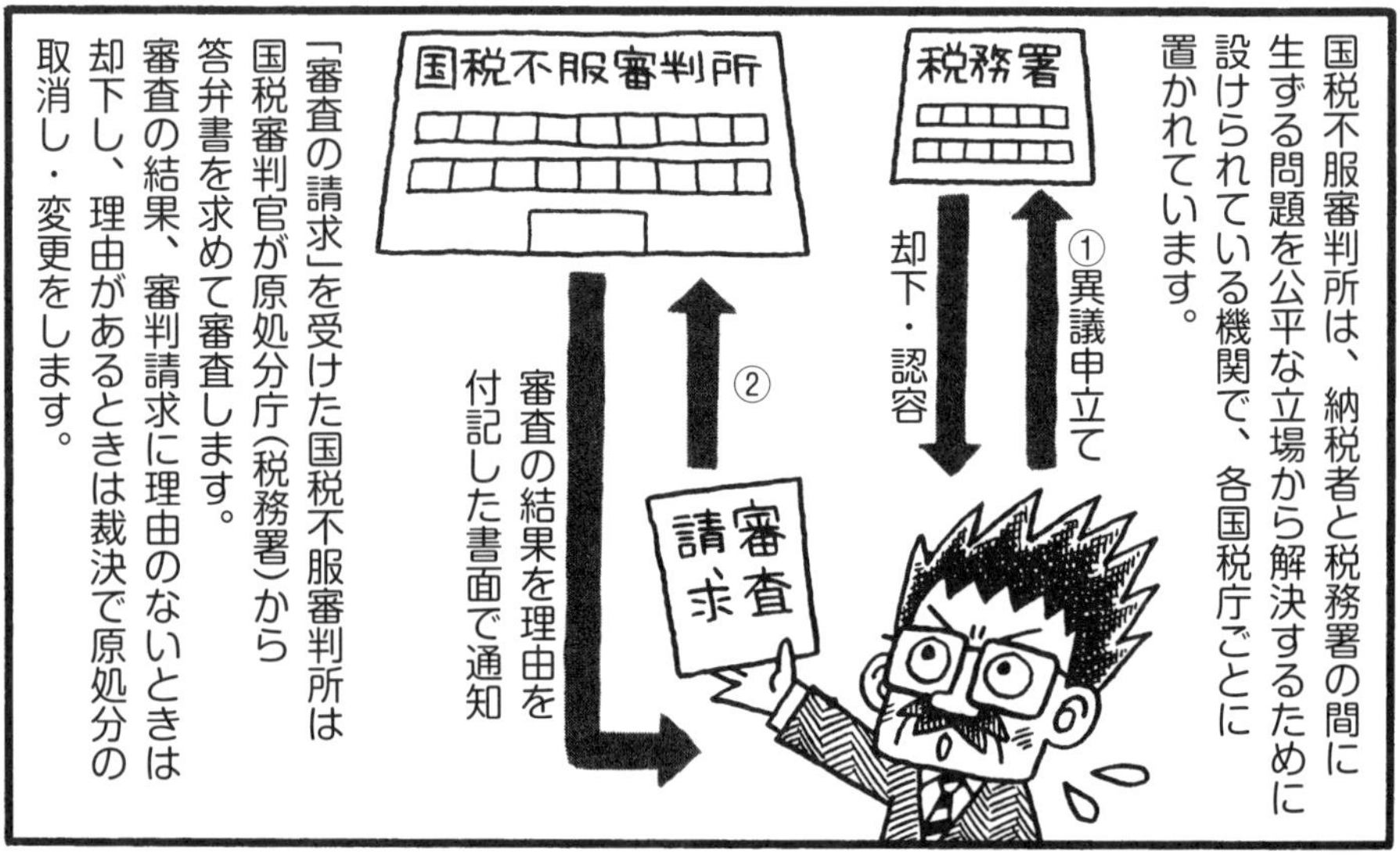

国税不服審判所は、納税者と税務署の間に生ずる問題を公平な立場から解決するために設けられている機関で、各国税庁ごとに置かれています。
税務署
①異議申立て
却下・認容
国税不服審判所
②
審査請求
審査の結果を理由を付記した書面で通知
「審査の請求」を受けた国税不服審判所は国税審判官が原処分庁(税務署)から答弁書を求めて審査します。
審査の結果、審判請求に理由のないときは却下し、理由があるときは裁決で原処分の取消し・変更をします。

国税不服審判所の裁決に対しても不服の場合は
うう…こんなのってあるかい
税務訴訟で争うことになります。

なお、税金の不満は国税不服審判所より気楽に相談できる苦情相談所を利用する手もあります。

苦情相談所

Q 審査請求とはどういうことか

処分した行政機関以外の行政機関に不服申立てをすることを審査請求といい、国税に関する審査請求を受ける機関として、国税庁に、国税不服審判所が置かれています。

内国税については一般的に国税不服審判所への審査請求が認められていますが、異議申立前置主義がとられ、原則として処分庁への異議申立て、異議決定を経た後でなくてはなりません。

審査請求を受けた審判所は、原処分庁からの答弁書を求めて、審査します。審査の結果、審査請求に理由のないときは棄却し、理由があるときは、原処分を取り消し、変更することになります。

第六章・相続紛争の解決手続き

1. 紛争が生じたら

相続ってどうすればいいの?
遺留分って何なのかしら…
相続について不安・疑問・紛争があるときは法律相談を利用することです
相続は身内の問題であるだけに、こじれだすと感情的になり出口が見えなくなってしまいがちですが、
法律ではこうなってます
法律相談を利用することで簡単に解決するケースも少なくありません。
法律相談に行くときは必要な書類を用意し
質問事項の要点を整理して必ずメモして行くこと。
相談時間は決められているので遅刻したりせず有効に使うことです。
相談
相談では自分に都合のいいことばかり話さず、何もかも隠さず話すのが解決への早道です。

家庭裁判所の家事手続案内

家事手続案内室は各家庭裁判所内にあり、遺産分割などの相続事件のほか、離婚や扶養といった事件の手続について無料で案内を受けることができます。東京家庭裁判所の家事手続案内は、9時30分～16時(土、日、祝祭日を除く)で、電話は(03)3502-8331(相続放棄、遺言書検認)、3502-5378(遺産分割の申立)です。電話による案内、相談には応じていません。

相談

弁護士会が行っている法律相談

各都道府県の弁護士会は法律相談所を常設し、弁護士が相談を受け、必要があれば弁護士の紹介もしてもらえます。弁護士会の相談受付は、各弁護士会により異なりますので、事前に電話などで確認して下さい。なお、相談は原則として有料(30分ごとに5,000円～2.5万円位、詳細は電話で確認)ですが、各種の無料相談、電話相談なども行っています。

都道府県の法律相談室

各都道府県でも、行政サービスの一環として、法律相談を行っているところがあります(無料)。弁護士などの法律の専門家が、相談に応じています。予約をしてから相談室を訪れ、面談により相談をすることができます。電話による相談はできません。

日本司法支援センター（法テラス)の法律相談

法による紛争の解決に必要な情報やサービスの提供を無料でしてくれるのが総合法律支援法による法テラスです。法律相談や弁護士の紹介、訴訟費用の立替えなどをしてくれます。法テラスは都道府県庁所在地を中心に設置され、その他大都市や弁護士・司法書士のいない地域にも設置されています。最初の受付は0570-078374です。

Q 税理士に頼むとき

相続とか贈与が行われたときに、素人の方が常識的な判断で事を処理しますと、税金面において思わぬ不利益をこうむることがあります。

このような損失をさけるためには、専門家である税理士に依頼されるのがもっとも得策と考えられます。

それでは、税理士にはどのようなとき依頼すればよいかということになります。

相続人が勤め人であるとか、忙しい職業を持っているとか、相続人が多数あって各地に分散しているとかで、相続について税務の処理の困難が予想される、あるいは節税を意識した処理をしたい場合などは、税理士に依頼するほうがよいと思います。

2. 相続紛争解決の手続き

遺産分割は相続人全員の話合いでできればいいんだけど
どうしても話合いがつかないときは
裁判所の力を借りて解決することになる
えっ裁判所……！
調停前置主義
家庭裁判所
調停申立書
なんとかして下さい！
相続のような家庭内・親族間の問題(家事事件)はいきなり訴訟で争うのではなくまず家庭裁判所に調停・審判を申し立てることになっています(調停前置主義)。遺産分割についての紛争ならまず調停、それでもダメなら審判で解決をはかります。
家庭裁判所の調停・審判は非公開で行われ関係者以外が立ち会うことはありません。詳しくは154ページをご覧下さい。
非公開
しかし調停や審判でも解決できないときは訴訟で争うしかないでしょう。
裁判所
訴状
訴訟となれば公開の法廷で家庭内・親族間の問題をさらけ出すことになります。
さらに訴訟には、費用と時間がかかることも覚悟しなくてはなりません。
18
17
16
15
14
やはり訴訟になったら
プロである弁護士に依頼した方がいいだろうね
⬇156ページ

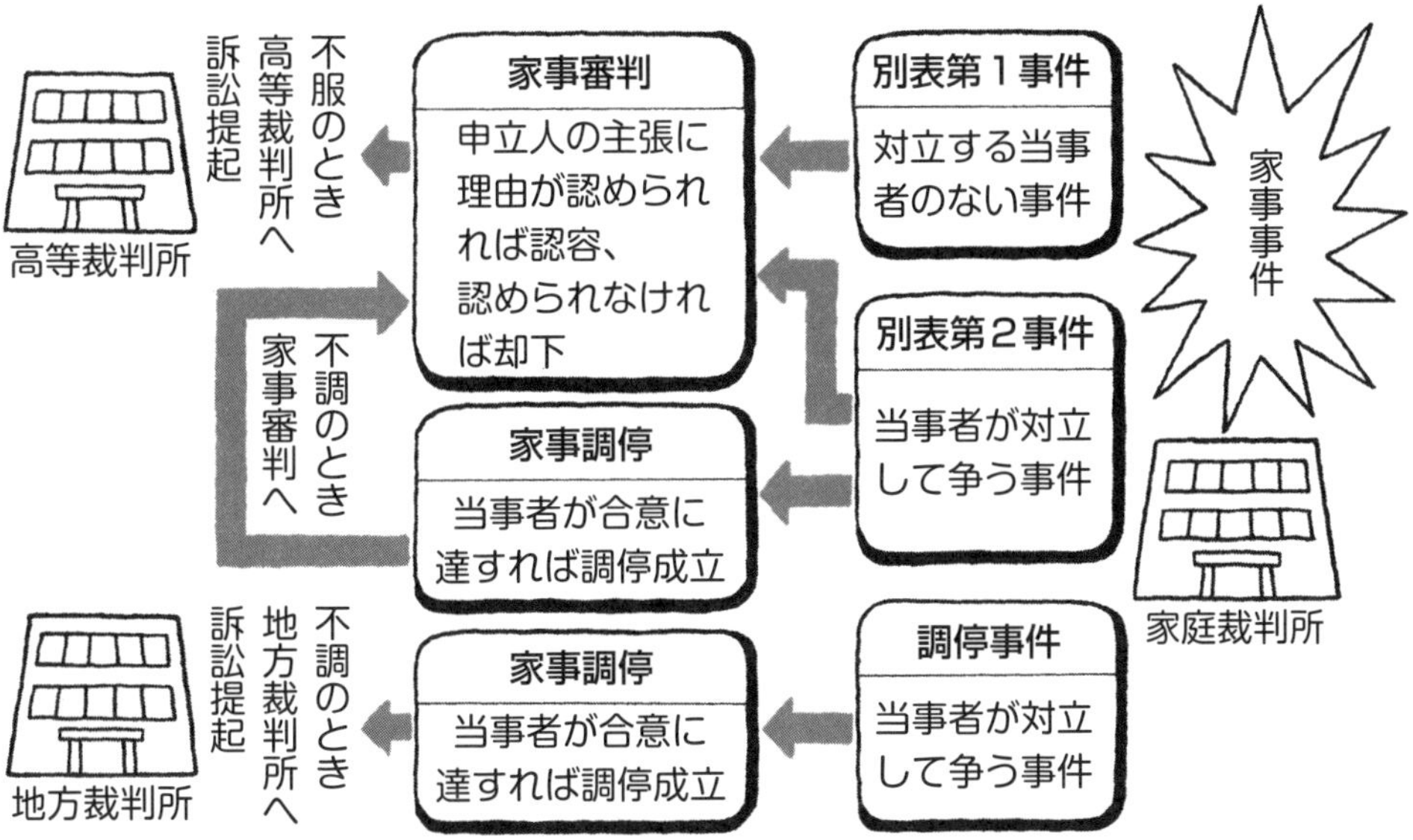

※「別表第1事件」「別表第2事件」の「別表」とは家事事件手続法に付されている事件の分類表です。

●家事調停・家事審判

家事事件は、いきなり訴訟で争うことはできず、まずは家庭裁判所の調停または審判で解決をはかることになります（調停前置主義）。

遺産分割についての紛争のように当事者が対立して争う事件は、まず調停を申し立てます。はじめから審判を申し立てることもできますが、調停に回されます。

はじめから審判となるのは対立する当事者のない手続き的な事件で、相続に関するものとしては、失踪宣告の申立、限定承認の申立、相続放棄の申立、財産管理人選任の申立、遺言書の検認の申立、遺言執行者の選任の申立などがあります。

家事調停は、相手の住所地または当事者が合意で定める家庭裁判所に申し立てます。相続に関する家事審判は、被相続人の住所地または相続開始地（死亡地）の家庭裁判所に申し立てます。

●訴訟による解決

家事調停・家事審判でも解決できなければ、訴訟で解決することになります。訴訟は公開の法廷で行われ、時間と費用がかかることを覚悟する必要があります。

※訴訟中に和解することもできます（下段参照。東京地方裁判所では、訴訟件数の約6割が和解で解決しています。）

Q 訴訟中の和解とは

訴訟となっても（特に相続など身内の争いの場合には）、裁判所は「和解」をすすめます。和解の場合は、本人の納得が大切ですから、弁護士も依頼者本人の出席を求めるか、和解案についての同意を求めてきます。

和解が成立し、裁判所で「和解調書」が作成されると、これは調停調書と同様、確定した判決と同じ効力を持つことになります。

3. 審判・調停の手続き

家事調停、
家事審判の申立書は
家庭裁判所指定の
用紙に必要事項を
書き込むだけの
簡単なものです。

それに戸籍謄本を
添付して提出します。

申立ての方法は
家庭裁判所の
家事手続案内を
受ければ詳しく
教えてくれます。

家事調停の手続き

家事調停は非公開で
行われます。
申立人、相手方、
裁判所の調停委員が
テーブルを囲んで
自由に話し合います。
調停委員は双方の意
見を聞いて解決策、
調停案を出しながら
妥協点を探します。

合意が成立したら調
停調書を作成します。
調停調書には
訴訟による判決と
同じ効力があります。

※　※

話合いがどうしても
合意に達せず
調停不成立のときは
事件の内容により
審判または訴訟へ
移行します。

家事審判の手続き

家事審判も
非公開で行われ
関係者以外が
立ち会うことは
ありません。
家事審判官が
事実調査、
証拠調べを
行います。

審判の結果
申立ての理由あり
と判断したときは
「認容」の審判が、
理由がないと
判断すれば
「却下」の審判が
告知されます。

※　※

審判に不服がある
ときは高等裁判所
で争うことになり
ます。

〔書式14〕遺産分割調停の申立書

受付印	遺　産　分　割　審判　調停　申　立　書
	（この欄に収入印紙をはる。１件について1200円） （はった印紙に押印しないでください。）
収入印紙　　円	
予納郵便切手　　円	

準口頭		関連事件番号　平成　　年（家　　）第　　号

東京　家庭裁判所 御中 令和 ○○ 年 11 月 1 日	申立人（又は法定代理人など）の署名押印又は記名押印	山田　一郎　㊞

添付書類				
	申立人の戸籍謄本	1 通	土地登記簿謄本	1 通
	相手方の戸籍謄本	1 通	建物登記簿謄本	1 通
	住民票	2 通	遺産目録	1 通
	被相続人の戸（除）籍謄本	1 通		
	被相続人の改製原戸籍謄本	通		

当事者		別紙当事者等目録記載のとおり	
被相続人	本籍	東京 都道府県　新宿区市谷左内町５番地	
	最後の住所	同　上	
	フリガナ 氏名	山《ヤマ》田《ダ》　太《タ》郎《ロウ》	昭和 平成 ○○ 年 10 月 12 日死亡

申　立　て　の　趣　旨
被相続人の遺産の分割の　審判・調停　を求める。

申　立　て　の　実　情

申立ての理由	遺産			
※ 1　相続人の資格に争いがある。 2　遺産の範囲に争いがある。 3　分割方法が決まらない。 4　その他 （　　）	種類	※ 1 土地 2 建物 3 現金 4 預・貯金	5 株券等 6 貸金等の債権 7 借地権・借家権	8 その他 （　　）
	内容	別紙遺産目録記載のとおり　―― 略 ――		
	被相続人の債務	※ 1 有	2 無	3 不明
	☆ 特別受益	※ 1 有	2 無	3 不明
	遺言	※ 1 有	2 無	3 不明
備考				

（注）太枠の中だけ記入してください。　※の部分は，当てはまる番号を○で囲み，申立ての理由欄の４及び遺産欄の８を選んだ場合には，具体的に記入してください。　☆の部分は，被相続人から生前に贈与を受けている等特別な利益を受けている者の有無について記入してください。

当　事　者　等　目　録

※				
申立人	本籍	東京 都道府県　新宿区市谷左内町５番地		
	住所	〒162-0846 同　上	電話 ○○（○○○○）○○○○ （　　方）	
	連絡先	〒　－	電話（　　） （　　方）	
	フリガナ 氏名	山《ヤマ》田《ダ》　一《イチ》郎《ロウ》	大正 昭和 平成 19 年 3 月 12 日生	
	職業	会社員	被相続人との続柄	長　男
	備考			
※ 相手方	本籍	東京 都道府県　新宿区市谷左内町５番地		
	住所	〒165-0025 東京都中野区沼袋１丁目32番地	電話 ○○（○○○○）○○○○ （　　方）	
	連絡先	〒　－	電話（　　） （　　方）	
	フリガナ 氏名	山《ヤマ》田《ダ》　二《ジ》郎《ロウ》	大正 昭和 平成 21 年 10 月 3 日生	
	職業	会社員	被相続人との続柄	次　男
	備考			

（注）太枠の中だけ記入してください。　※の部分は，申立人，相手方又は利害関係人の区別を記入してください。備考欄には，代理人の氏名と連絡先，当該相続人が被相続人から生前に贈与を受けている等特別な利益を受けている場合にはその旨及びその他の事項を記載してください。

4. 弁護士に依頼するには

いろいろ教えてもらったけど不安だなあ…
じゃあ弁護士に相談してみれば?
弁護士?
訴訟じゃないんだぜ
弁護士の仕事は訴訟の弁護だけじゃないんだぜ
実はカクカクシカジカ……
法律事務所
弁護士の職務には裁判外での助言や指導、鑑定、交渉、契約書の作成なども含まれています。事情を話して、それが法律上の手続きで解決できるものならアドバイスしてくれます。
でも、どうやって依頼するんだい?
親せき、友人、知人に知ってる弁護士を紹介してもらうといいんだけど
紹介してくれる人がいないときは各地の弁護士会で弁護士を紹介してもらうことです。
法律相談
全国の弁護士会
➡158ページ参照
弁護士には依頼者の秘密を守る法律上の義務があります。
守秘義務
相談の内容はたとえ紹介者にでも口外することはありません。
弁護士費用は事件の内容などによって千差万別
¥
相談すれば適当な額、支払い方法を教えてくれるよ
弁護士に依頼するかどうかは自由ですが、大きな訴訟、難しい訴訟は弁護士に依頼を…
訴訟
訴訟
ズシッ…
訴訟となればやはり弁護士に依頼した方がよいでしょう。代理人をたてて訴訟をする場合訴額が140万円を超える訴訟と地方裁判所以上の裁判所での訴訟は弁護士でないと代理人として認められません。

(旧)弁護士報酬等基準額

平成16年４月以降報酬が自由化されたので、参考にしてください。

① 法律相談料等

	法律相談料・書面による鑑定料	
法律相談	初回市民法律相談料	30分ごとに5000円～1万円の範囲内の一定額
	一般法律相談料	30分ごとに5000円以上2.5万円以下
書面による鑑定		10万円～30万円の範囲内の一定額

② 民事事件（着手金・報酬金）

事件等	着手金・報酬金		
(a) 訴訟事件、非訟事件、家事審判事件、行政審判等事件および仲裁事件	事件の経済的利益の額が	着手金	報酬金
	300万円以下の部分	8％	16％
	300万円を超え3000万円以下の部分	5％	10％
	3000万円を超え３億円以下の部分	3％	6％
	３億円を超える部分	2％	4％
	＊ 事件の内容により、それぞれ30％の範囲内で増減額できる		
	＊ 着手金の最低額は10万円。ただし、経済的利益の額が125万円未満の事件の着手金は、事情により10万円以下に減額することができる		
(b) 調停事件および示談交渉事件（裁判外の和解交渉）	(a)に準ずる		
	＊ それぞれにより算定された額の３分の２に減額できる		
	＊ 着手金の最低額は10万円。ただし、経済的利益の額が125万円未満の事件の着手金は、事情により10万円以下に減額できる		

③ 裁判外の手数料

<table>
<tr><th>項目</th><th colspan="2">分類</th><th>手数料</th></tr>
<tr><td rowspan="2">法律関係調査（事実関係調査を含む）</td><td colspan="2">基本</td><td>５万円～20万円の範囲内の額</td></tr>
<tr><td colspan="2">特に複雑または特殊な事情がある場合</td><td>弁護士と依頼者との協議により定める額</td></tr>
<tr><td rowspan="6">契約書類およびこれに準ずる書類の作成</td><td rowspan="3">定型</td><td>経済的利益の額が1000万円未満のもの</td><td>５万円～10万円の範囲内の額</td></tr>
<tr><td>経済的利益の額が1000万円以上１億円未満のもの</td><td>10万円～30万円の範囲内の額</td></tr>
<tr><td>経済的利益の額が１億円以上のもの</td><td>30万円以上</td></tr>
<tr><td rowspan="2">非定型</td><td>基本</td><td>300万円以下の部分　10万円
300万円を超え3000万円以下の部分　1％
3000万円を超え３億円以下の部分　0.3％
３億円を超える部分　0.1％</td></tr>
<tr><td>特に複雑または特殊な事情がある場合</td><td>弁護士と依頼者との協議により定める額</td></tr>
<tr><td colspan="2">公正証書にする場合</td><td>上の手数料に３万円を加算する</td></tr>
<tr><td rowspan="4">内容証明郵便作成</td><td rowspan="2">弁護士名の表示なし</td><td>基本</td><td>１万円－３万円の範囲内の額</td></tr>
<tr><td>特に複雑または特殊な事情がある場合</td><td>弁護士と依頼者との協議により定める額</td></tr>
<tr><td rowspan="2">弁護士名の表示あり</td><td>基本</td><td>３万円～５万円の範囲内の額</td></tr>
<tr><td>特に複雑または特殊な事情がある場合</td><td>弁護士との協議により定める額</td></tr>
</table>

◆全国の弁護士会の所在地・連絡先一らん

★ひまわりお悩み110番　☎0570-783-110（近くの弁護士会につながります）

	名称	住所	電話番号
北海道	札幌	〒060-0001　札幌市中央区北一条西10丁目 札幌弁護士会館7階	011-281-2428
	函館	〒040-0031　函館市上新川町1-3	0138-41-0232
	旭川	〒070-0901　旭川市花咲町4	0166-51-9527
	釧路	〒085-0824　釧路市柏木町4番3号	0154-41-0214
東北	仙台	〒980-0811　仙台市青葉区一番町2-9-18	022-223-1001
	福島県	〒960-8115　福島市山下町4-24	024-534-2334
	山形県	〒990-0042　山形市七日町2-7-10 NANA BEANS8階	023-622-2234
	岩手	〒020-0022　盛岡市大通り1-2-1 サンビル2階	019-651-5095
	秋田	〒010-0951　秋田市山王6-2-7	018-862-3770
	青森県	〒030-0861　青森市長島1丁目3番1号 日赤ビル5階	017-777-7285
関東	東京	〒100-0013　千代田区霞が関1-1-3	03-3581-2201
	第一東京	〒100-0013　千代田区霞が関1-1-3	03-3595-8585
	第二東京	〒100-0013　千代田区霞が関1-1-3	03-3581-2255
	横浜	〒231-0021　横浜市中区日本大通9	045-201-1881
	埼玉	〒336-0063　さいたま市浦和区高砂4-2-1 浦和高砂パークハウス1階	048-863-5255
	千葉県	〒260-0013　千葉市中央区中央4-13-9	043-227-8431
	茨城県	〒310-0062　水戸市大町2-2-75	029-221-3501
	栃木県	〒320-0845　宇都宮市明保野町1-6	028-689-9000
	群馬	〒371-0026　前橋市大手町3-6-6	027-233-4804
	静岡県	〒420-0853　静岡市葵区追手町10-80	054-252-0008
	山梨県	〒400-0032　甲府市中央1-8-7	055-235-7202
	長野県	〒380-0872　長野市妻科432	026-232-2104
	新潟県	〒951-8126　新潟市中央区学校町通一番町1	025-222-5533

中部	愛知県	〒460-0001	名古屋市中区三の丸1-4-2	052-203-1651
	三重	〒514-0032	津市中央3-23	059-228-2232
	岐阜県	〒500-8811	岐阜市端詰町22	058-265-0020
	福井	〒910-0004	福井市宝永4-3-1 サクラNビル7階	0776-23-5255
	金沢	〒920-0937	金沢市丸の内7-36	076-221-0242
	富山県	〒930-0076	富山市長柄町3-4-1	076-421-4811
近畿	大阪	〒530-0047	大阪市北区西天満1-12-5　（案内）	06-6364-0251
	京都	〒604-0971	京都市中京区富小路通丸太町下ル（相談）	075-231-2378
	兵庫県	〒650-0016	神戸市中央区橘通1-4-3	078-341-7061
	奈良	〒630-8237	奈良市中筋町22番地の1	0742-22-2035
	滋賀	〒520-0051	大津市梅林1-3-3	077-522-2013
	和歌山	〒640-8144	和歌山市四番丁5番地	073-422-4580
中国	広島	〒730-0012	広島市中区上八丁堀2-73	082-228-0230
	山口県	〒753-0045	山口市黄金町2-15	083-922-0087
	岡山	〒700-0807	岡山市北区南方1丁目8番29号	086-223-4401
	鳥取県	〒680-0011	鳥取市東町2-221	0857-22-3912
	島根県	〒690-0886	松江市母衣町55番地4 松江商工会議所ビル7階	0852-21-3225
四国	香川県	〒760-0033	高松市丸の内2-22	087-822-3693
	徳島	〒770-0855	徳島市新蔵町1-31	088-652-5768
	高知	〒780-0928	高知市越前町1-5-7	088-872-0324
	愛媛	〒790-0003	松山市三番町4丁目8番地8	089-941-6279
九州	福岡県	〒810-0044	福岡市中央区六本松4-2-5	092-741-6416
	佐賀県	〒840-0833	佐賀市中の小路7-19	0952-24-3411
	長崎県	〒850-0875	長崎市栄町1-25 長崎MSビル4階	095-824-3903
	大分県	〒870-0047	大分市中島西1-3-14	097-536-1458
	熊本県	〒860-0078	熊本市中央区京町1-13-11	096-325-0913
	鹿児島県	〒892-0815	鹿児島市易居町2-3	099-226-3765
	宮崎県	〒880-0803	宮崎市旭1-8-45	0985-22-2466
	沖縄	〒900-0014	那覇市松尾2-2-26-6	098-865-3737

〔著者紹介〕

吉田　杉明（よしだ　すぎあき）

昭和21年７月３日に栃木県に生まれる。明治大学法学部卒業。第一東京弁護士会所属。

著書に「実用法律用語事典」（共著）「イラスト六法わかりやすい借家」（以上いずれも自由国民社刊）などがある。

東京三弁護士会交通事故処理委員会委員、東京地方裁判所建築紛争部の調停委員などを歴任し、扱っている事案は、会社法務全般・建築紛争・民事再生・独禁法違反・刑事事件・相続・交通事故等多種多様である。

山川　直人（やまかわ　なおと）

昭和37年生まれ。漫画家。同人誌活動を経て、昭和57年「おおかみくん」（「くりくり」連載）でデビュー。

著書に「あかい他人」（秋田書店）、「イラスト六法シリーズ」「マンガ法律の抜け穴③男と女のバトル篇」（自由国民社）、「コーヒーもう一杯」（エンターブレイン）などがある。

［イラスト六法］わかりやすい相《そう》続《ぞく》

1990年９月５日　第１版第１刷発行
2020年８月１日　改訂８版第１刷発行

発行者　伊藤　滋
印刷所　奥村印刷株式会社
製本所　新風製本株式会社
DTP制作　㈲中央制作社

発行所　株式会社　自由国民社
東京都豊島区高田３丁目10番11号
郵便番号〔171-0033〕振替東京 00100-6-189009
TEL.〔代表〕03(6233)0781
http://www.jiyu.co.jp/